Für Rolf

Viele humorische

Stunden mit mein-

Buch

Ihr [illegible]

Anna Matscher

Schnittlauch statt Petersilie

Lust auf Kochen mit Südtirols Sterneköchin

ZUM LOWEN
RESTAURANT

Anna Matscher

Schnittlauch statt Petersilie

Lust auf Kochen mit Südtirols Sterneköchin

Mit Fotos von Michael Schinharl
und einem Text von Gabriele Crepaz

Folio Verlag Bozen – Wien

Die Köchin

Anna Matscher, 1961 in Innichen geboren, ist eigentlich ausgebildete Masseurin. 1987 gibt sie ihren Beruf auf, um sich ganz dem Kochen zu widmen. Zusammen mit ihrem Mann übernimmt sie das Restaurant zum Löwen in Tisens/Südtirol und avanciert rasch zu Südtirols erster und bisher einziger Michelin-Stern-Köchin.
www.zumloewen.it

Der Fotograf

Michael Schinharl, lebt und arbeitet in München. Er hat seine Leidenschaft fürs Kochen zum Beruf gemacht, reist und fotografiert Food, People und Reportagen für viele Verlage.
www.michaelschinharl.de

Die Erzählerin

Gabriele Crepaz, Journalistin, recherchiert und erzählt die besten Geschichten von Menschen und Unternehmen.
www.core-stories.com

Ein herzlicher Dank

geht an Valentina Fischnaller, Frank Gebhardt, Edeltraud und Franz Kiebacher, Kathrin Kötz, Franziska Lintner, Stefanie und Lorin Lutz, Elisabeth Matscher, Marlene Messner, Christine Nock, Brigitte Patzleiner, Fritz Ploner, Martin Reiterer, Christian Trafoier, Christine Trebo, Johanna Trebo, Evi Tschurtschenthaler und Judith Verginer. Sie haben während der Entstehung des Buchs Rezepte nachgekocht und wertvolles Feedback gegeben.

Weiters danken wir dem Münchner Künstler und Wandgestalter Alexander Seelherr, der die Fotohintergründe gestaltet und zur Verfügung gestellt hat, sowie Barbara Emmel-Dodt und dem Bozner TonHaus für die Bereitstellung von Geschirr.

Ein besonderer Dank gilt Gianluca Monni für seine Unterstützung beim Fotografieren der Gerichte.

Glossar

Dampfl: Vorteig
Faschieren: durch den Fleischwolf drehen
Kren: Meerrettich
Melanzane: Aubergine
Peperoni: Paprikaschoten
Rohnen: Rote Bete
Topfen: bröseliger Quark
Vongole: Venusmuscheln

1. Auflage 2017

Fotos und Styling: Michael Schinharl
Druckvorbereitung: Typoplus, Frangart
Grafik und Umbruch: no.parking, Vicenza
Lektorat: Kathrin Kötz
Korrektorat: Joe Rabl
Printed in Europe
ISBN 978-3-85256-732-7

www.folioverlag.com

Inhalt

Vorwort 7

Die Rezepte
Frühling 11
Sommer 61
Herbst 101
Winter 141
Grundrezepte 189

Mensch, Anna 196

Register der Rezepte 214
Stichwortregister 216

Meistens komme ich aus der Küche zu Ihnen, wenn Sie schon fertig gegessen haben. Jetzt will ich es andersherum machen: Ich möchte Ihnen begegnen, bevor Sie anfangen zu kochen.

Ich habe dafür einen besonderen Anlass gewählt: Vor genau 30 Jahren haben mein Mann Luis und ich unser Restaurant zum Löwen in Tisens eröffnet. Unser Lebensprojekt. Es war schon in Familienbesitz, ein bescheidenes Dorfgasthaus, einige Jahre geschlossen, wir haben es mit viel Risiko wiederbelebt. Seitdem mache ich, was ich am liebsten tue: Ich koche. Gästen und Freunden ein besonderes Genusserlebnis zu bieten, macht mich glücklich. Dafür habe ich sogar meinen ursprünglichen Beruf aufgegeben und mir als Autodidaktin das Kochen beigebracht.

Sie finden in diesem Buch Rezepte meiner Lieblingsgerichte wie selbstgemachte Teigwaren und Desserts, die mich schon immer begleitet haben, neben Rezepten, die nach allen Regeln der Kunst verfeinert sind. Mein Credo in der Küche ist bis heute gleich geblieben: Bodenständigkeit und Bescheidenheit, kombiniert mit der Gabe, aus einfachen Zutaten etwas zu kreieren, so entstehen für mich Sternegerichte.

Fotograf Michael Schinharl hat die Gerichte für dieses Buch ins beste Licht gerückt. Mit großer Leidenschaft, so als hätte er die Rezepte selber gekocht. Kennengelernt haben wir uns, als er vor vier Jahren vom „Feinschmecker“ losgeschickt wurde, um mich als Köchin des Monats zu porträtieren. Keiner setzt meine Kreationen seitdem einfühlsamer in Szene.

Und wer ist die Anna Matscher hinter der Küchenschürze? Aus heutiger Sicht erscheint mein Leben so, als wäre es vorgezeichnet gewesen. Aber so ist es in den wenigsten Fällen, und bei mir schon gar nicht. Der neue Weg, den ich vor 30 Jahren eingeschlagen habe, fühlte sich richtig an. Mehr nicht. Es hätte also auch ganz anders kommen können. Wie es kam, darüber hat Gabriele Crepaz lange mit mir und meiner Familie gesprochen und alles mit Feingefühl aufgeschrieben. So liest sich jetzt schön rund, worüber ich einst durchaus auch gestolpert bin.

Luis und unsere gemeinsame Tochter Elisabeth, meine Schwiegermutter und meine Geschwister wissen das am besten. Ich habe sie alle mit hineingezogen in mein Leben und in meine Karriere. Ohne sie würde ich es heute noch nicht schaffen.

Und klar, ohne Sie auch nicht. Hier ist mein Buch für Sie.

Ihre Anna Matscher

Wenn ich zurückdenke, hat es folgendermaßen begonnen:

Damals, für mich noch Frau Matscher, kam Anna mit ihrer Familie öfter mal ins Tantris zum Essen. So haben wir uns kennengelernt und eines Tages fragte sie mich, ob sie ein Praktikum bei mir machen kann.

Ich spürte gleich, hier ist jemand, der das Kochen und diesen Beruf liebt. Genau das Richtige für Anna, und es war nicht verwunderlich, dass sie mit ihrem Talent diesen Beruf autodidaktisch erlernte.

Heute präsentiert sie ihre Gerichte ausgefallen, raffiniert und trotzdem bodenständig. Mit Gespür und Respekt für das Produkt. Ihre Verwurzelung in der Heimat und in der wunderschönen Landschaft erfährt man durch ihre Gerichte.

Das Besondere bei Anna ist nicht nur ihre Kochkunst, sondern auch der Zusammenhalt in der Familie mit ihrem Mann und ihrer Tochter. Diesen geerdeten Geist spürt der Gast.

Ich wünsche Euch weiterhin viel Erfolg, Kraft und alles Gute.

Euer
Hans Haas

ZUM LÖWEN
HOFRESTAURANT

Frühling

Spargel-Sepia-Carbonara mit Olivenöl-Espuma und Speck

Zutaten (für 4 Personen)

Für die Carbonara
800 g weißer Spargel
200 g Sepia, küchenfertig
Salz
Cayennepfeffer
Olivenöl

Für die Olivenöl-Espuma
2 Eigelb
150 ml Olivenöl
1 Bio-Zitrone, Saft
Salz
Cayennepfeffer
20 ml Gemüsefond (siehe Grundrezepte Seite 190)

Zum Anrichten
8 Scheiben frittierter Speck

Zubereitung

Spargel schälen und mit der Mandoline längs in 2 mm dicke Scheiben schneiden. Spargelscheiben mit dem Messer in 2 mm breite Streifen schneiden, sodass sie wie Spaghetti aussehen.
In Salzwasser 3 Minuten kochen, herausnehmen und auf Küchenkrepp auskühlen lassen.
Sepia salzen und mit Cayennepfeffer würzen. In Olivenöl kurz anbraten und in feine Streifen schneiden.
Eigelb und Olivenöl zu einer Mayonnaise verrühren.
Mit Zitronensaft, Salz und Cayennepfeffer würzen.
Gemüsefond unterrühren, in eine Espuma-Flasche füllen und zwei Sahnekapseln aufschrauben. Gut schütteln.

Fertigstellung

Spargel und Sepia mit Olivenöl-Espuma marinieren, eventuell mit Salz, Cayennepfeffer und Zitronensaft abschmecken. Die Hälfte des frittierten Specks zerbröseln.
Spargel- und Sepiastreifen aufgerollt auf tiefen Tellern anrichten und mit Speckbröseln bestreuen. Mit etwas Espuma und einer frittierten Speckscheibe garnieren.

Tipp

› Verwenden Sie die restliche Olivenöl-Espuma wie Mayonnaise für andere Gerichte.

Salat von Jakobsmuscheln, Garnelen und Artischocken

Zutaten (für 4 Personen)

10 Garnelen
10 Jakobsmuscheln
Salz
Cayennepfeffer
Olivenöl
3 Artischocken
½ Bio-Zitrone, Saft
1 EL Marokkanische Minze

Zum Anrichten
Rotes Basilikum
Zitronenbasilikum
Buschbasilikum
Marokkanische Minze

Zubereitung

Garnelen vom Panzer befreien, Darm entfernen und halbieren.
Jakobsmuscheln vorsichtig mit einem Löffel aus der Schale lösen, waschen und ebenfalls halbieren. Beides mit Salz und Cayennepfeffer würzen. Ganz kurz in Olivenöl braten.
Das obere Drittel der Artischocken abschneiden, die harten grünen Blättern entfernen und das „Heu" herauskratzen. Artischocken in dünne Scheiben schneiden und sofort mit Olivenöl, Zitrone und Salz vermischen, damit sie nicht braun werden. Minze in feine Streifen schneiden.

Fertigstellung

Jakobsmuscheln mit Garnelen, Artischocken und Minze vermischen.
Mit Zitrone, Cayennepfeffer und Olivenöl abschmecken. Auf Tellern anrichten und mit den verschiedenen Basilikumblättern sowie Minze garnieren.

Was Anna früher nicht aß, ist heute ihr Leibgericht

Es ist nicht so, dass Anna einfach alles mag, was man essen kann. Sie war schon erwachsen, als sie zum ersten Mal Fisch probierte. Es war irgendwo an der Adria. Luis saß ihr gegenüber, er bestellte am Meer immer Fisch, Anna immer Fleisch. Fisch kannte sie nicht, auf dem Hof hatte es in ihrer ganzen Kindheit Meeresgetier nie auf den Tisch geschafft. Und den Geruch mochte sie auch nicht. Sie säbelte also wieder einmal an ihrem dünnen, nach italienischer Art starr gegrillten Schnitzel, während Luis seinen Fisch nach Gräten absuchte. Da rebellierte es in ihr: „Mir reicht's." Sie bestellte ihr erstes Fischfilet. Und von da an schon bald „richtigen Fisch", roh, Meeresfrüchte, Muscheln, die ganze Palette; Sushi aß sie zum ersten Mal in Hamburg. Es war nur eine Frage der Zeit, bis sie anfing, Fisch zu kochen.

Ziegenfrischkäse im Filoteig mit Wildkräutersalat und Mandeln

Zutaten (für 4 Personen)

Für den Ziegenkäse im Filoteig
200 g Ziegenfrischkäse
Salz
8 Blätter Filoteig (12 x 12 cm)
500 ml Sonnenblumenöl

Für das Mandelpüree
80 g geschälte Mandeln
30 ml Gemüsefond (siehe Grundrezepte Seite 190)
Salz

Für den Wildkräutersalat
80 g Wildkräuter (Löwenzahn, Pimpinelle, Borretsch, Sauerampfer, Rotklee, Girsch, Spitzwegerich, Leimkraut)
4 Erdbeeren
Olivenöl
Salz
Himbeeressig
20 g Mandelblättchen

Zum Anrichten
Himmelschlüssel
Veilchen

Zubereitung

Ziegenfrischkäse salzen und daraus acht Kugeln formen.
Je 2 Filoteigblätter übereinanderlegen und Ziegenfrischkäsekugeln daraufsetzen. Teigränder mit Wasser bestreichen und gut über dem Käse zusammendrücken. Teigpäckchen in Sonnenblumenöl bei 180 Grad goldgelb frittieren.
Die Mandeln in einer Pfanne trocken rösten (ohne, dass sie Farbe annehmen) und mit Gemüsefond im Mixer fein pürieren. Mit Salz würzen.
Wildkräuter waschen und trocken tupfen. Erdbeeren in dünne Streifen schneiden. Alles mit Olivenöl, Salz und Himbeeressig marinieren und mit Mandelblättchen vermischen.

Fertigstellung

Ziegenkäsepäckchen zusammen mit Salat und Mandelpüree auf Tellern anrichten. Mit Himmelschlüsseln und Veilchen garnieren.

Zucchini-Spargel-Salat mit Brothippe

Zutaten (für 4 Personen)

Für den Zucchini-Spargel-Salat
200 g Zucchini
200 g grüner Spargel
20 g Kapern
10 g Korianderblätter
Salz, Pfeffer
Rotweinessig
Olivenöl

Für das Zucchinipüree
2 Zucchini
Olivenöl
Salz

Für die Brothippe
100 g Hartweizengrieß
150 g Weizenmehl
2 g Salz
125 ml Wasser
2 g Hefe

Zum Anrichten
10 g getrocknete Kapern (siehe Tipp)
Korianderblätter

Zubereitung

Zucchini-Spargel-Salat
Zucchini und Spargel putzen, waschen und längs in feine Streifen schneiden. Getrennt in Salzwasser blanchieren, auf Küchenkrepp legen und auskühlen lassen.
Kapern hacken und Korianderblätter in Streifen schneiden. Zu den Spargel- und Zucchinistreifen geben und mit Salz, Pfeffer, Rotweinessig und Olivenöl marinieren.

Zucchinipüree
Zucchini putzen, waschen, in Würfel schneiden und in Salzwasser 1 Minute blanchieren, herausnehmen und auf Küchenkrepp auskühlen lassen. Zusammen mit Olivenöl und Salz im Mixer fein pürieren.

Brothippe
Hefe in Wasser auflösen und mit den restlichen Zutaten zu einem Teig verkneten. Ungefähr 30 Minuten ruhen lassen. Den Teig 2 mm dünn ausrollen, in Dreiecke schneiden und 3 Minuten bei 250 Grad im vorgeheizten Backofen backen. Herausnehmen und noch heiß zu einer Tüte zusammenrollen.

Fertigstellung

Zucchini-Spargel-Salat in die Brothippe füllen. Zucchinipüree auf die Teller geben und den Salat in der Brothippe daneben anrichten. Mit getrockneten Kapern und Koriander garnieren.

Tipp

› Trocknen Sie die Kapern bei 50 Grad über Nacht im Backofen. Sie können dafür auch einen Dörrapparat verwenden. Lassen Sie einige Kapern ganz und zerkleinern Sie den Rest im Mörser. Die Kapern halten sich gut verschlossen in einem Schraubglas einige Wochen.

Schwarzbrot-Bruschetta mit Kalbskopf und Variation vom Rettich

Zutaten (für 4 Personen)

Für den Kalbskopf
1 Kalbskopf
200 g Wurzelgemüse (Karotten, Sellerieknolle, Stangensellerie, Lauch, Zwiebeln), grob zerkleinert
7 l Wasser
160 g Salz
12 Pfefferkörner
6 Wacholderbeeren
1 Lorbeerblatt

Für die Variation vom Rettich
30 g Radieschen
70 g weißer Bierrettich
10 grüne Rettichschoten
1 EL Schnittlauch
1 Schalotte, in feine Würfel geschnitten
Olivenöl
Salz
Sherry-Essig
2 EL Gemüsefond (siehe Grundrezepte Seite 190)

Zum Anrichten
4 Scheiben Vollkornkastenbrot
Butter
Verschiedene Salate und Wildkräuter (Frisée, Rote Gartenmelde, Erdbeerspinat, Sauerampfer)

Zubereitung

Kalbskopf zusammen mit Wurzelgemüse in einen großen Topf geben und mit Wasser auffüllen. Mit Salz würzen und 3 Stunden kochen lassen. Herausnehmen, auf ein Schneidebrett legen und Augen, Ohren, Sehnen und Fett abschneiden, die Zunge schälen. Eine Terrinenform mit Klarsichtfolie auslegen und den ausgelösten Kalbskopf hineingeben. Mit Folie abdecken und zum Pressen beschweren. Kühl stellen.
Radieschen und Bierrettich in Streifen schneiden. Rettichschoten waschen. Kalbskopf in dünne Scheiben schneiden, in eine Schüssel geben und über dem Wasserbad leicht erwärmen. Mit Radieschen, Bierrettich, Rettichschoten, Schnittlauch, Schalotte, Olivenöl, Salz, Sherry-Essig und Gemüsefond marinieren.

Fertigstellung

Schwarzbrotscheiben in Butter anrösten und auf Teller verteilen. Kalbskopf darauf anrichten und mit Salaten garnieren.

Tipps

› Wenn der Kalbskopf eine rötliche Farbe bekommen soll, geben Sie noch 40 g Pökelsalz ins Kochwasser.
› Sie können den Kalbskopf auch fertig gekocht beim Metzger kaufen.
› Rettichschoten sind die Samenanlagen der Rettichpflanze. Sie haben eine leichte Rettichnote. Wenn Sie keine Rettichschoten bekommen, lassen Sie diese einfach weg und erhöhen den Anteil von Radieschen und Rettich.

Kalbsbries mit Zweierlei von der Erbse

Zutaten (für 4 Personen)

Für das Zweierlei von der Erbse
500 g frische Erbsen (ohne Schale)
100 ml Gemüsefond (siehe Grundrezepte Seite 190)
30 ml Olivenöl
Salz
100 g rote Peperoni
Pfeffer
Rotweinessig

Für das Kalbsbries
200 g Kalbsbries vom Milchkalb
Butter
Salz, Pfeffer

Zum Anrichten
Gartenkresse
Wiesenklee

Zubereitung

Die Hälfte der Erbsen für das Püree in Salzwasser blanchieren, sofort in Eiswasser abschrecken und auskühlen lassen. Mit Gemüsefond, Olivenöl und Salz im Mixer fein pürieren. Von den restlichen Erbsen 50 g zur Seite stellen, den Rest ebenfalls in Salzwasser blanchieren und in Eiswasser abschrecken. Die rohen und die gekochten Erbsen fein hacken.
Peperoni schälen und in Olivenöl auf beiden Seiten grillen, mit Salz würzen und in kleine Würfel schneiden. Mit den gehackten Erbsen vermischen und mit Salz, Pfeffer und Rotweinessig marinieren.
Kalbsbries putzen und in Röschen teilen. In Butter anbraten und mit Salz und Pfeffer würzen.

Fertigstellung

Erbsenpüree, Erbsen-Peperoni-Ragout und Kalbsbries auf Tellern anrichten. Mit Kresse und Wiesenklee garnieren.

Tipp

› Kaufen Sie nur ganz frische Innereien (Bries, Lunge, Herz, Nieren, Leber) von jungen Tieren. Dann müssen Sie diese nicht wässern.

Wildkräutersüppchen mit Blütenkräckern

Zutaten (für 4 Personen)

Für das Wildkräutersüppchen
400 g Wurzelgemüse (Zwiebeln, Stangensellerie, Karotten, Lauch)
Olivenöl
50 ml Weißwein
1 l Gemüsefond (siehe Grundrezepte Seite 190)
Salz
Pfeffer
80 g gemischte Wildkräuter (Bärlauch, Pimpinelle, Borretsch, Löwenzahn, Schnittlauch, Spitzwegerich, Girsch, Kerbel, Gundelrebe, Vogelmiere)

Für die Blütenkräcker
300 g Weizenmehl
100 ml Wasser
65 ml Olivenöl
6 g Salz
Fleur de Sel

Zum Anrichten
Blüten (Veilchen, Stiefmütterchen, Himmelschlüssel)
Kerbel
Olivenöl
Wildkräuter (Gundelrebe, Vogelmiere, Pimpinelle, Bachkresse)

Zubereitung

Wildkräutersüppchen
Wurzelgemüse putzen, in kleine Würfel schneiden und in Olivenöl anschwitzen. Mit Weißwein ablöschen und mit Gemüsefond auffüllen. 30 Minuten köcheln lassen. Salzen, pfeffern, pürieren und durch ein feines Sieb passieren. Alle Kräuter blanchieren und zusammen mit etwas Olivenöl im Mixer fein mixen. Kräuterpaste gut unter die Suppe rühren.

Blütenkräcker
Alle Zutaten verkneten. Den Teig etwas ruhen lassen, dünn ausrollen und in die gewünschte Form schneiden. Mit Fleur de Sel bestreuen und auf ein mit Backpapier ausgelegtes Backblech legen. Mit Backpapier abdecken und mit einem zweiten Backblech beschweren. Im vorgeheizten Backofen bei 180 Grad ungefähr 10 Minuten backen.

Fertigstellung

Blüten und Kerbel mit etwas Olivenöl auf die Kräcker kleben. Die Suppe mit dem Schneidstab aufschäumen und in tiefe Teller füllen. Mit Kräckern und Kräutern garnieren.

Tipps

› Die Menge der einzelnen Kräuter können Sie nach Ihrem Geschmack variieren.
› Geschmacksintensive Kräuter (Gundelrebe, Spitzwegerich und Bärlauch) sollten Sie nur in kleineren Mengen verwenden.
› Bei jungen Kräutern können Sie alles nehmen, andernfalls von den Stielen zupfen.

Kartoffel-Bärlauch-Gnocchi mit Morcheln und Terlaner Spargel

Zutaten (für 4 Personen)

Für die Gnocchi
500 g mehlige Kartoffeln
50 g Bärlauch
1 EL Sauerrahm
55 g Kartoffelstärke
55 g Weizenmehl
2 Eigelb
Salz
1 Msp. geriebene Muskatnuss

Für die Beilage
8 Stangen weißer Terlaner Spargel
8 Morcheln
1 TL Butter
1 TL Madeira

Zum Anrichten
2 Stangen weißer Terlaner Spargel
Olivenöl
Bärlauch
Blutsauerampfer
Himmelschlüssel

Zubereitung

Kartoffeln schälen, klein schneiden und in Salzwasser kochen. Abgießen und gut ausdämpfen lassen. Durch ein Sieb passieren und auskühlen lassen. Bärlauch putzen und mit Sauerrahm im Mixer fein pürieren.
Bärlauchpaste mit Kartoffelstärke, Mehl, Eigelb, Salz und Muskatnuss zu den passierten Kartoffeln geben und alles zügig zu einem Teig verkneten.
Kartoffelteig zu einer Rolle formen und mit der Teigkarte 1 cm lange Gnocchi abschneiden. Gnocchi in Salzwasser kochen lassen, bis sie an die Oberfläche kommen.
Spargel schälen, schräg in 2 cm lange Stücke schneiden und in Salzwasser 2 Minuten kochen. Abseihen, Kochwasser auffangen und beiseitestellen.
Morcheln waschen, vierteln und in Butter anschwitzen. Mit Madeira ablöschen, Flüssigkeit einkochen lassen und salzen. Spargel und etwas Spargelkochwasser mit den Morcheln vermischen. Gnocchi dazugeben, gut durchschwenken und mit Salz abschmecken.

Fertigstellung

Spargelstangen schälen, längs in hauchdünne Scheiben schneiden und kurz in Olivenöl schwenken.
Gnocchi mit Spargel-Morchel-Ragout auf Tellern anrichten. Mit Spargelstreifen, Bärlauch, Blutsauerampfer und Himmelschlüsseln garnieren.

Tipps

› Sie können auch weniger von der Bärlauchpaste für die Gnocchi verwenden. Die Reste lassen sich gut einfrieren.

Brennnesselflan mit jungem Gemüse und Pecorino-Fonduta

Zutaten (für 4 Personen)

Für den Flan
100 g Brennnesseln
200 g Ricotta
200 g Eiweiß
Salz, Pfeffer

Für das Gemüse
2 Karotten
2 Frühlingszwiebeln
8 grüne Spargelspitzen
2 Radieschen
1 junge Fenchelknolle
1 Schalotte
Olivenöl
50 ml Weißwein
Zitronensaft
500 ml Gemüsefond (siehe Grundrezepte Seite 190)
1 Thymianzweig
1 Lorbeerblatt
Salz

Für die Pecorino-Fonduta
10 g Butter
5 g Weizenmehl
150 ml Milch
100 g Pecorino, gerieben
Salz, Pfeffer

Zum Anrichten
Bachkresse

Zubereitung

Brennnesselflan
Brennnesseln in Salzwasser blanchieren und in Eiswasser abschrecken. Auf Küchenkrepp abtropfen lassen und im Mixer fein pürieren. Ricotta, Eiweiß, Salz und Pfeffer dazugeben und noch einmal mixen. Masse in gebutterte Förmchen füllen und in eine mit Küchenkrepp ausgelegte Auflaufform stellen. So viel kochendes Wasser angießen, dass die Förmchen zu zwei Dritteln im Wasserbad stehen. Im Backofen bei 170 Grad 15 Minuten garen.

Junges Gemüse
Karotten, Frühlingszwiebeln, Spargel, Radieschen und Fenchel putzen, halbieren bzw. vierteln.
Schalotte klein schneiden und in Olivenöl farblos anschwitzen.
Mit Weißwein und Zitronensaft ablöschen und mit Gemüsefond aufgießen.
Mit Thymian, Lorbeer und Salz würzen. 15 Minuten kochen lassen und in einen Topf abseihen. Das Gemüse in diesem Sud 3–4 Minuten pochieren.

Pecorino-Fonduta
Butter in einem Topf schmelzen, Mehl gut unterrühren, mit Milch aufgießen und unter ständigem Rühren aufkochen lassen. Pecorino zufügen und schmelzen lassen. Mit Salz und Pfeffer würzen.

Fertigstellung

Brennnesselflan aus den Förmchen stürzen und in die Mitte der Teller setzen. Das pochierte Gemüse um den Flan herum anrichten. Mit Pecorino-Fonduta und Bachkresse garnieren.

Spargel-Ravioli mit Tomaten-Chutney

Zutaten (für 4 Personen)

Für die Spargel-Ravioli
500 g grüner Spargel
50 g Mascarpone
10 g Parmesan, gerieben
Salz
350 g Nudelteig (siehe Grundrezepte Seite 190)

Für das Tomaten-Chutney
4 Tomaten
1 kleine Zwiebel
Olivenöl
Salz
Peperoncino
Alter Balsamico

Zum Anrichten
1 Stange grüner Spargel
12 grüne Spargelspitzen
Salz
Olivenöl
Rotes Basilikum
Zitronenbasilikum

Zubereitung

Spargel schälen und in kleine Stücke schneiden. In Salzwasser kochen, abseihen und auf einem Küchentuch auskühlen lassen. Mit Mascarpone, Parmesan und Salz im Mixer fein pürieren und in einen Spritzbeutel füllen.
Tomaten häuten und in kleine Würfel schneiden. Zwiebel schälen, in kleine Würfel schneiden und in Olivenöl anschwitzen. Tomatenwürfel zugeben, mit Salz und Peperoncino würzen und 1 Stunde köcheln lassen. Mit altem Balsamico abschmecken.

Fertigstellung

Nudelteig mit der Nudelmaschine dünn ausrollen. Spargelfüllung im Abstand von 5 cm auf ein Nudelblatt spritzen. Teigränder mit Wasser bestreichen und alles mit einem zweiten Nudelblatt abdecken. Mit einem Ausstecher Ravioli ausstechen und die Ränder mit den Fingern gut festdrücken. In Salzwasser 3 Minuten kochen.
Spargelstange mit der Aufschnittmaschine längs in hauchdünne Scheiben schneiden. Zusammen mit den Spargelspitzen blanchieren, salzen und in Olivenöl kurz dünsten.
Ravioli in tiefen Tellern anrichten. Mit Tomaten-Chutney, Spargelstreifen und -spitzen sowie Basilikum garnieren.

Tipps

› Sie können die fertigen Ravioli einfrieren. Sie halten im Gefrierschrank etwa zwei Monate. Die Kochzeit beträgt dann 5 Minuten.

Schwarzer Venere-Reis mit Spargel und sizilianischen Garnelen

Zutaten (für 4 Personen)

1 kleine Schalotte
Olivenöl
100 g Venere-Reis
2 EL Weißwein
750 ml Gemüsefond (siehe Grundrezepte Seite 190)
Salz
Cayennepfeffer
8 Stangen weißer Spargel
8 Rote sizilianische Garnelen
3 EL Garnelenfond

Zum Anrichten
Garnelenschaum (siehe Seite 114)
Griechisches Buschbasilikum

Zubereitung

Schalotte in feine Würfel schneiden und in Olivenöl farblos anschwitzen. Reis zugeben und mit Weißwein ablöschen. Die Flüssigkeit einkochen lassen und mit Gemüsefond auffüllen. Mit Salz und Cayennepfeffer würzen und 45 Minuten kochen lassen.
Spargel schälen, in Stücke schneiden und 3 Minuten in Salzwasser kochen.
Garnelen putzen, Darm entfernen, mit Salz und Cayennepfeffer würzen und ganz kurz in Olivenöl anbraten.

Fertigstellung

Garnelenfond erwärmen und unter den Reis rühren. Venere-Reis auf Tellern anrichten, Spargel und Garnelen darauf platzieren.
Mit ein paar Tupfern Garnelenschaum und Basilikum garnieren.

Tipp

› Anstelle der sizilianischen Garnele können Sie auch andere Garnelen verwenden.

Schüttelbrot-Tortelli mit Bärlauch-Kartoffel-Füllung

Zutaten (für 4 Personen)

Für den Nudelteig
250 g Schüttelbrot
250 g Weizenmehl
10 Eigelb
1 Ei
110 ml Wasser

Für die Füllung
500 g Kartoffeln
1 TL Butter
Salz
100 g Bärlauch
20 g Sauerrahm

Zum Anrichten
2 Champignons, in kleine Würfel geschnitten
1 TL Butter
Salz
1 EL Frühlingszwiebeln, fein geschnitten
1 EL Bärlauch, in Streifen geschnitten
Gemüsefond (siehe Grundrezepte Seite 190)
1 EL Schüttelbrotbrösel, in Butter geröstet
1 TL Parmesan, in kleine Würfel geschnitten
4 Bärlauchblätter

Zubereitung

Schüttelbrot fein mahlen, sieben und mit Mehl, Eigelb, Ei und Wasser zu einem festen Nudelteig verkneten. In Klarsichtfolie wickeln und 30 Minuten ruhen lassen.
Kartoffeln schälen, in Salzwasser weich kochen, abseihen und durch ein Sieb passieren. Bärlauch mit Sauerrahm pürieren. Zusammen mit Butter und Salz zu den Kartoffeln geben und gut verrühren. Masse in einen Spritzbeutel füllen.
Nudelteig mit der Nudelmaschine dünn ausrollen und Kreise (Ø 7 cm) ausstechen. Auf jeden Kreis etwas von der Füllung spritzen, halbmondförmig zusammenfalten, Ränder fest andrücken und die Spitzen der Halbmonde zusammenlegen. Tortelli in Salzwasser 3 Minuten kochen lassen.

Fertigstellung

Champignonwürfel in Butter andünsten und mit Salz würzen. Frühlingszwiebeln und den in Streifen geschnittenen Bärlauch dazugeben und kurz schwenken. Tortelli und Gemüsefond zufügen und noch einmal durchschwenken.
Tortelli auf tiefen Tellern anrichten. Mit geröstetem Schüttelbrot, Parmesanwürfelchen und Bärlauch garnieren.

Tipp

› Falls die Bärlauchfüllung zu fest ist, geben Sie etwas Sahne dazu.

Bauernei mit frittiertem Spargel und Schnittlauch

Zutaten (für 4 Personen)

Für die Eier
6 Eier
30 g Butter
30 ml Milch
2 g Salz
Pfeffer

Für den frittierten Spargel
8 Stangen weißer Spargel
Weizenmehl
1 Ei, verquirlt
Panko-Mehl
500 ml Sonnenblumenöl

Zum Anrichten
8 grüne Spargelspitzen, blanchiert
2 Stangen grüner Spargel, in dünne Streifen geschnitten
Olivenöl
Sherry-Essig
Salz
Schnittlauch, fein geschnitten

Zubereitung

4 Eier 10 Minuten kochen, in kaltem Wasser auskühlen lassen, schälen und der Länge nach halbieren. Das Eigelb vorsichtig herausnehmen. 2 Eigelb bereitstellen, den Rest anderweitig verwenden.
Die restlichen Eier in ein hitzebeständiges Gefäß geben und im Dampfgarer bei 62 Grad 45 Minuten garen. Zusammen mit den 2 bereitgestellten Eigelb, Butter, Milch, Salz und Pfeffer im Mixer fein mixen. Durch ein Sieb streichen und in eine Espuma-Flasche füllen. Eine Sahnekapsel aufschrauben, Espuma-Flasche gut schütteln und über dem Wasserbad warm halten.
Spargel schälen und in 7 cm lange Stücke schneiden. In Salzwasser 2 Minuten blanchieren, herausnehmen und auf Küchenkrepp auskühlen lassen. In Mehl wenden, durch das verquirlte Ei ziehen und mit Panko-Mehl panieren. Spargel im 180 Grad heißen Sonnenblumenöl goldgelb frittieren.

Fertigstellung

Die grünen Spargelspitzen blanchieren und in Olivenöl kurz dünsten. Spargelstreifen mit Olivenöl, Sherry-Essig und Salz würzen. Je zwei Eiweißhälften auf einen Teller setzen, mit Ei-Espuma füllen und mit Schnittlauch garnieren. Den frittierten weißen Spargel und die grünen Spargelspitzen daneben anrichten. Mit aufgerollten grünen Spargelstreifen und Ei-Espuma-Tupfern garnieren.

Blätterteigtarte mit Mangold und Pilzschaum

Zutaten (für 4 Personen)

Für die Blätterteigtarte
400 g Blätterteig
1 Schalotte, in feine Würfel geschnitten
Olivenöl
100 g Pilze (je nach Saison)
30 ml Madeira
50 ml Gemüsefond (siehe Grundrezepte Seite 190)
Salz, Pfeffer

Für den Belag
200 g Mangold (weiß, rot und gelb)
50 g Champignons, in Würfel geschnitten
2 Frühlingszwiebeln, fein geschnitten
Olivenöl
Thymian
Salz, Pfeffer

Zum Anrichten
3–4 EL Pilzschaum (siehe Grundrezepte S. 190)
16 kleine rote und gelbe Mangoldblätter
Salz
1 EL Essig
Olivenöl
Pfeffer

Zubereitung

Blätterteig gleichmäßig ausrollen und Kreise (Ø 10 cm) ausstechen. Auf ein mit Backpapier ausgelegtes Backblech setzen und im vorgeheizten Backofen bei 180 Grad 15 Minuten backen.
Schalotte in Olivenöl farblos anschwitzen, Pilze dazugeben, kurz mitdünsten lassen und mit Madeira ablöschen. Etwas Gemüsefond zugießen, mit Salz und Pfeffer würzen. Ungefähr 15 Minuten kochen lassen, bis die Flüssigkeit reduziert ist. Im Mixer pürieren, sodass eine cremige Paste entsteht (eventuell Gemüsefond zugeben).
Mangold waschen und in kleine Würfel schneiden. Blanchieren und auf Küchenkrepp auskühlen lassen. Champignons und Frühlingszwiebeln in Olivenöl anschwitzen. Mangold dazugeben und mit Thymian, Salz und Pfeffer würzen. 10 Minuten dünsten lassen.

Fertigstellung

Von den kleinen gelben und roten Mangoldblättern die Stiele abschneiden. Wasser mit Salz und Essig aufkochen und Mangoldstiele darin blanchieren. Abseihen und zusammen mit den Blättern in Olivenöl schwenken. Mit Salz und Pfeffer würzen.
Die Blätterteigkissen auf Teller setzen und mit der Pilzpaste bestreichen. Mangold-Pilz-Gemüse darauf anrichten und mit Pilzschaum, Mangoldstielen und -blättern garnieren.

Fischsuppe nach Art des Hauses

Zutaten (für 4 Personen)

Für den Muschelfond
250 g Venusmuscheln
1 EL Schalotten, fein geschnitten
2 Knoblauchzehen, fein geschnitten
½ TL Petersilie, fein geschnitten
1 Msp. Thymian, fein geschnitten
Olivenöl
50 ml Weißwein
Salz
Cayennepfeffer

Für die Fischsuppe
600 g Fisch (Wolfsbarschfilet, Seeteufel, Goldbrasse, Garnelen, Sepie), küchenfertig
Salz
Cayennepfeffer
Olivenöl
500 ml Fischfond (siehe Grundrezepte Seite 189)
2 EL Tomaten-Chutney (siehe Seite 32)
Peperoncino
1 EL Petersilie, in feine Streifen geschnitten

Zum Anrichten
4 dünne Scheiben Weißbrot, mit Knoblauch geröstet

Zubereitung

Venusmuscheln gut waschen, geöffnete Muscheln aussortieren. Schalotten, Knoblauch, Petersilie und Thymian in Olivenöl anschwitzen. Muscheln dazugeben und mit Weißwein ablöschen. Topf mit einem Deckel verschließen und so lange kochen lassen, bis sich die Muscheln geöffnet haben. Abseihen und Flüssigkeit dabei auffangen. Geschlossene Muscheln wegwerfen. Muscheln und Fond auskühlen lassen.
Fische portionieren, Garnelen von Panzer und Darm befreien, salzen und mit Cayennepfeffer würzen. In einer beschichteten Pfanne mit Olivenöl (den Fisch auf der Hautseite) kurz anbraten, herausnehmen und auf einen kalten Teller legen. Bratensatz mit Fischfond, Muschelfond und Tomaten-Chutney aufkochen. Mit Peperoncino und Petersilie würzen. Fischstücke und Muscheln dazugeben.

Fertigstellung

Fischsuppe in tiefen Tellern anrichten und mit Knoblauch-Brotchips servieren.

Dreierlei vom Kitz //
Geschmortes Kitz mit Frühlingsgemüse

Zutaten (für 4 Personen)

1,2 kg Kitzschulter und -rücken
Salz, Pfeffer
Getrockneter Rosmarin
Olivenöl

Für das Frühlingsgemüse
8 Stangen grüner Spargel
Olivenöl
Salz
100 g grüne Erbsen (ohne Schale)
2 Frühlingszwiebeln

Für die Olivenerde
100 g Taggiasca-Oliven (ohne Stein)
50 g Weizenmehl

Zubereitung

Fleisch salzen, pfeffern und mit Rosmarin bestreuen. In eine feuerfeste Form legen und mit Olivenöl beträufeln. Im vorgeheizten Backofen bei 160 Grad 1½ Stunden schmoren lassen.
Spargel an den Enden schälen, in Salzwasser blanchieren, herausnehmen und auskühlen lassen. Mit Olivenöl, Salz und etwas Spargelkochwasser im Mixer pürieren.
Erbsen in Salzwasser blanchieren und in Eiswasser abschrecken. Frühlingszwiebeln in Stücke schneiden, in Salzwasser blanchieren und in Olivenöl braten.
Oliven und Mehl mit der Moulinette fein zerkleinern, auf ein mit Backpapier ausgelegtes Backblech geben und im vorgeheizten Backofen bei 160 Grad 20 Minuten backen.

Tipp

› Wenn man den Bratenrückstand in der Pfanne mit etwas Kalbsfond aufkocht, bekommt man eine schöne Sauce.

Frittierte Kitzleber

Zutaten (für 4 Personen)

200 g Kitzleber, pariert
4 Rosmarinzweige
Weizenmehl
Sonnenblumenöl
Salz, Pfeffer

Zubereitung

Leber in Scheiben schneiden, in Mehl wenden und in Sonnenblumenöl kurz frittieren. Auf die Rosmarinzweige spießen und mit Salz und Pfeffer würzen.

Kitzbeuschel mit Knödelscheiben

Zutaten (für 4 Personen)

Für das Kitzbeuschel
Innereien vom Kitz (Herz, Lunge, Nieren)
2 kleine Schalotten, fein geschnitten
Olivenöl
50 ml Weißwein
1 TL Tomatenmark
Weizenmehl
1 l Kalbsfond (siehe Grundrezepte Seite 189)
Salz, Pfeffer
2 Knoblauchzehen, fein geschnitten
100 g Karotten, in Streifen geschnitten
100 g Zucchini, in Streifen geschnitten
Majoran
Petersilie, fein geschnitten

Für die Serviettenknödel
100 ml Milch
200 g Weißbrot (2 Tage alt), in Würfel geschnitten
40 g Butter
2 Eier
Salz
1 Prise Muskatnuss

Zubereitung

Lunge mit kaltem Wasser aufsetzen und 5 Minuten kochen lassen. Herausnehmen, auskühlen lassen, von Luft- und Speiseröhre befreien und in feine Streifen schneiden. Herz und Nieren parieren und ebenfalls in feine Streifen schneiden. Schalotten in Olivenöl anschwitzen, Innereien dazugeben und so lange rösten, bis sie Farbe annehmen. Mit Weißwein ablöschen, Tomatenmark zufügen und mit Mehl bestreuen. Mit Kalbsfond auffüllen und mit Salz und Pfeffer würzen. Karotten, Zucchini, Knoblauch und Majoran dazugeben und 1 Stunde schmoren lassen. Mit Petersilie abschmecken.
Milch erwärmen und über die Weißbrotwürfel gießen, 10 Minuten quellen lassen. Butter schmelzen und mit den Eiern zum Brot geben. Gut vermischen und mit Salz und Muskatnuss würzen.
Knödelmasse auf ein nasses Küchentuch geben und daraus eine etwa 5 cm dicke Rolle formen. In das Küchentuch wickeln und die Enden mit Küchengarn zubinden. Mit Wasser bedeckt ungefähr 15 Minuten kochen lassen. Herausnehmen, in Klarsichtfolie wickeln und auskühlen lassen. Knödel in Scheiben schneiden und in Butter auf beiden Seiten kurz anbraten.

Fertigstellung

Spargelpüree, Erbsen und Frühlingszwiebeln auf einer Seite des Tellers anrichten und mit Olivenerde garnieren. Das gebratene Kitz und die frittierte Leber auf der anderen Seite platzieren. Kitzbeuschel abwechselnd mit Knödelscheiben in einem Schälchen als Millefeuille anrichten.

Konfiertes Lamm auf Artischocken-Topinambur-Gröstl

Zutaten (für 4 Personen)

Für das konfierte Lamm
2 Lammschultern, pariert
Salz, Pfeffer
Olivenöl
150 g Wurzelgemüse (Karotten, Zwiebeln, Sellerieknolle)
Thymian
Rosmarin
4 Knoblauchzehen

Für das Artischocken-Topinambur-Gröstl
200 g Topinambur
Salz, Pfeffer
Olivenöl
4 Artischocken
Zitronensaft

Zum Anrichten
100 ml Lammfond (siehe Grundrezepte Seite 189)
Maisstärke
4 geschmorte Tomaten (siehe Grundrezepte Seite 190), fein gehackt
Thymianblättchen

Zubereitung

Lammschultern salzen, pfeffern und in Olivenöl anbraten. Wurzelgemüse zufügen und mitrösten lassen. Beides mit Thymian, Rosmarin und Knoblauch in einen Topf geben, in dem alles gerade Platz hat. So viel Olivenöl darübergießen, dass Fleisch und Gemüse bedeckt sind. Im vorgeheizten Backofen bei 150 Grad 1½–2 Stunden (je nach Größe der Lammschultern) konfieren lassen.
Topinambur gut waschen und mit Schale vierteln. Salzen, pfeffern und mit Olivenöl vermischen. Auf ein Backblech geben und im vorgeheizten Backofen bei 200 Grad 15 Minuten garen. Von den Artischocken die äußeren Blätter entfernen und die Spitzen abschneiden. Das „Heu" mit einem Löffel herauskratzen und den Stiel zuschneiden. Sofort in Zitronenwasser legen, damit sie nicht braun werden. Artischocken vierteln, in Olivenöl braten und salzen.

Fertigstellung

Lammfond reduzieren und mit Maisstärke binden. Artischocken und Topinambur vermischen. Lammschultern aus dem Olivenöl nehmen und in Scheiben schneiden.
Fleisch in die Tellermitte setzen und Artischocken-Topinambur-Gröstl darum herum anrichten. Mit geschmorten Tomaten, Thymian und Lammfond garnieren.

Lamm-Hamburger mit Tomatendip

Zutaten (für 4 Personen)

Für die Brötchen
Vorteig
250 g Weizenmehl
125 ml Wasser
1,2 g Hefe

Teig
250 g Weizenmehl
175 ml Wasser
12 g Hefe
100 ml Olivenöl
15 g Salz
10 g Sesam

Für den Hamburger
500 g Lammfleisch (aus der Schulter)
1 Semmel
30 ml Milch
1 Schalotte
Butter
1 TL Petersilie, fein gehackt
1 TL Thymian, fein gehackt
1 Msp. Rosmarin, fein gehackt
2 Eier
Salz, Pfeffer
1 TL Dijon-Senf
Olivenöl

Zum Anrichten
Wildkräutersalat (Blutsauerampfer, Löwenzahn, Rotes Basilikum, Sauerklee, Bachkresse, Feldsalat)
Salz, Pfeffer
Sherry-Essig
Olivenöl
1 EL Tomaten-Chutney (siehe Seite 32)
Gebackene Kartoffelspalten (siehe Tipp)

Zubereitung

Für den Vorteig Mehl, Wasser und Hefe verrühren und 20 Stunden zugedeckt bei Zimmertemperatur gehen lassen. Die restlichen Zutaten zugeben, mit der Küchenmaschine in 5 Minuten zu einem Teig verkneten und etwas gehen lassen.
Teig 2 cm dick ausrollen, Kreise (Ø 6 cm) ausstechen und auf ein mit Backpapier ausgelegtes Backblech legen. Mit Sesam bestreuen und noch einmal 15 Minuten gehen lassen. Im vorgeheizten Backofen bei 180 Grad 15 Minuten backen.
Lammfleisch zwei Mal durch den Fleischwolf drehen. Semmel in Milch einweichen und gut ausdrücken, Schalotte in feine Würfel schneiden und in Butter farblos anschwitzen. Zusammen mit Petersilie, Thymian, Rosmarin, Brötchen, Eiern und Senf zum Faschierten geben. Mit Salz und Pfeffer würzen und gut vermengen. Aus der Masse gleich dicke Hamburger formen und in Olivenöl anbraten. Im vorgeheizten Backofen bei 180 Grad 4 Minuten garen und anschließend bei 80 Grad 3–5 Minuten ruhen lassen.

Fertigstellung

Wildkräuter mit Salz, Pfeffer, Sherry-Essig und Olivenöl marinieren.
Brötchen halbieren, etwas Salat auf die untere Hälfte geben und Fleisch-Patty daraufsetzen. Mit Salat und Tomaten-Chutney belegen und die obere Brötchenhälfte daraufsetzen.
Hamburger auf Tellern anrichten, mit Tomaten-Chutney, dem restlichen Salat und Kartoffelspalten garnieren.

Tipps

› Wiegen Sie die Hefemenge am besten mit einer Löffelwaage ab. Wenn Sie keine Löffelwaage haben, zeichnen Sie einen Kreis mit einem Durchmesser von 1,2 cm auf ein Blatt Papier. Rollen Sie ein kleines Stück Hefe zu einer Kugel, die genau auf den aufgezeichneten Kreis passt.
› Sie können sich das Lammfleisch auch vom Metzger faschieren lassen.
› Für die gebackenen Kartoffelspalten werden 2 Kartoffeln geschält, geviertelt, mit Salz gewürzt und mit Olivenöl vermischt. Kartoffelviertel auf ein Backblech geben und im vorgeheizten Backofen bei 200 Grad 15 Minuten garen.
› Sie können die Hamburger noch mit einem 1 TL fein gehacktem Knoblauch würzen.

Topfenknödel mit Zweierlei vom Rhabarber

Zutaten (für 4 Personen)

Für die Topfenknödel
500 g Topfen (Quark)
2 Eier
50 g Zucker
40 g weiche Butter
1 Prise Salz
80–100 g Weißbrot (2 Tage alt), ohne Rinde und gerieben

Für den Rhabarber
700 ml Wasser
300 g Zucker
300 ml Weißwein
1 Bio-Zitrone, Saft
½ Vanilleschote
500 g Rhabarber

Zum Anrichten
40 g Butter
100 g Semmelbrösel
80 g Zucker
10 g Zimt
Minzeblätter
Rhabarber, in dünne Streifen geschnitten

Zubereitung

Topfen, Eier, Zucker, Butter und Salz verrühren und nach und nach mit dem geriebenen Weißbrot vermengen. Die Masse etwas quellen lassen und daraus Knödel formen.
Wasser mit Zucker, Weißwein, Zitronensaft und Vanilleschote auf die Hälfte reduzieren.
Rhabarber waschen und in kleine Würfel schneiden. In die Flüssigkeit geben und einmal kurz aufkochen (dabei nicht umrühren!). Vom Herd nehmen und in der Flüssigkeit auskühlen lassen.
Die Hälfte des gekochten Rhabarbers im Mixer fein pürieren und in der Eismaschine gefrieren lassen.

Fertigstellung

Butter in einer Pfanne leicht bräunen, Semmelbrösel, Zucker und Zimt zugeben und einige Minuten rösten.
Topfenknödel in Salzwasser 7 Minuten kochen lassen, herausnehmen und in den Bröseln wälzen.
Je zwei Topfenknödel auf einen Teller setzen, Rhabarbersorbet und -ragout daneben anrichten. Mit Minze und aufgerollten Rhabarberstreifen garnieren.

Tipps

› Sie können sowohl Mager- als auch Vollfetttopfen/-quark verwenden.
› Geben Sie das geriebene Weißbrot nicht auf einmal dazu, sondern nach und nach damit die Masse nicht zu fest wird.

Schnitte und Sorbet vom Holunder

Zutaten (für 4 Personen)

Für die Holunderschnitte
Boden
50 g weiße Schokolade
50 g Cornflakes

Weiße Schokoladenmousse
120 g weiße Schokolade
80 g Grundmasse für weiße Mousse (siehe Grundrezepte Seite 190)
½ Blatt Gelatine, in Wasser eingeweicht
100 ml Sahne

Holundermousse
200 ml Holundersirup
3 Blatt Gelatine, in Wasser eingeweicht
½ Bio-Zitrone, Saft
100 ml Sahne
1 Eiweiß

Für das Holundersorbet
10 Holunderblüten
1 l Wasser
1 Bio-Zitrone
100 g Zucker

Für das Baiser
100 g Staubzucker
Getrocknete Holunderblüten
100 g Eiweiß

Zum Anrichten
Getrocknete Holunderblüten (siehe Tipp)
4 EL heller Crumble (siehe Grundrezepte Seite 191)
8 Kirschblüten

Zubereitung

Holunderschnitte
Für den Boden die weiße Schokolade über dem Wasserbad schmelzen, Cornflakes in einen festen Gefrierbeutel geben, verschließen und mit einem Schnitzelklopfer vollständig zerkleinern. Cornflakesbrösel unter die geschmolzene Schokolade rühren. Eine 4 cm hohe Form (26 x 19 cm) mit Klarsichtfolie auslegen und die Cornflakes-Schokoladen-Masse hineingeben. Gut andrücken und im Kühlschrank fest werden lassen.
Für die erste Schicht die weiße Schokolade über dem Wasserbad schmelzen und mit der Grundmasse verrühren. Gelatine gut ausdrücken und unterrühren. Die Masse etwas auskühlen lassen. Sahne halbsteif schlagen. Wenn die Masse anfängt zu gelieren, Sahne unterheben. Die Schokoladenmousse auf den Boden gießen und die Masse durch leichtes Klopfen bzw. Rütteln der Form verteilen. Im Kühlschrank 2 Stunden fest werden lassen.
Für die zweite Schicht etwas Holundersirup erwärmen. Die gut ausgedrückte Gelatine darin auflösen und mit dem restlichen Holundersirup und Zitronensaft verrühren. Etwas von der Mischung abnehmen und beiseitestellen. Sahne und Eiweiß getrennt steif schlagen und abwechselnd unter den Sirup heben. Holundermousse auf die Schokoladenmousse geben und 2 Stunden im Kühlschrank gelieren lassen. Den beiseitegestellten Holundersirup als Spiegel auf der Holundermousse gießen (die Masse sollte so flüssig sein, dass sie sich alleine oder durch leichtes Schwenken der Form verteilt). Holunderschnitte im Kühlschrank über Nacht kalt stellen.

Holundersorbet
Holunderblüten mit Wasser und Zitrone 24 Stunden stehen lassen. Durch ein Sieb gießen. Zucker in einem Topf karamellisieren, mit der Flüssigkeit aufgießen und aufkochen lassen. Sirup 48 Stunden ziehen lassen. Anschließend in der Eismaschine gefrieren.

Baiser
Staubzucker mit Holunderblüten im Mixer zerkleinern. Eiweiß mit der Zucker-Holunderblüten-Mischung dickschaumig aufschlagen. Auf ein Backblech streichen und im Backofen bei 50 Grad 12 Stunden (am besten über Nacht) trocknen lassen. Baiser in kleine Stücke brechen.

Fertigstellung

Holunderschnitte portionieren, auf Tellern anrichten und mit getrockneten Holunderblüten bestreuen. Vom Sorbet eine Nocke abstechen und mit Crumble auf den Teller setzen. Mit Baiser und Kirschblüten garnieren.

Blumentöpfchen mit Weizengras und Karamellschokolade

Zutaten (für 4 Personen)

Für die Karamellschokoladenmousse
125 g Karamellschokolade (z. B. Dulcey von Valrhona)
80 g Grundmasse für weiße Mousse (siehe Grundrezepte Seite 190)
100 ml Sahne

Für die Weizengrasmousse
¼ Blatt Gelatine
150 g Grundmasse für weiße Mousse (siehe Grundrezepte Seite 190)
10 g Weizengras
50 g weiße Schokolade

Für die Schokoladenerde
50 g Mandeln, fein gerieben
50 g Weizenmehl
50 g Staubzucker
25 g Kakaopulver
50 g weiche Butter

Für die Weizengras-Granita
3 Äpfel (z. B. Granny Smith)
15 g Weizengras
30 g Staubzucker
3 Eiswürfel, zerstoßen

Zum Anrichten
Sauerkleeblüten
Stiefmütterchen
Veilchen
Himmelschlüssel
Schokoladenäste (siehe Tipp)

Zubereitung

Karamellschokoladenmousse
Schokolade klein hacken und über dem Wasserbad schmelzen. Zur Grundmasse geben, gut verrühren und etwas auskühlen lassen. Sahne halbsteif schlagen und unterheben.

Weizengrasmousse
Gelatine in kaltem Wasser einweichen. Etwas von der Grundmasse erwärmen und die gut ausgedrückte Gelatine darin auflösen. Mit der restlichen Grundmasse verrühren. Zusammen mit Weizengras im Mixer fein mixen. Weiße Schokolade über dem Wasserbad schmelzen und unterrühren. Mousse kühl stellen.

Schokoladenerde
Alle Zutaten mit der Küchenmaschine vermengen. Masse auf Backpapier verteilen und ein paar Stunden kühl stellen.
Bei 170 Grad im vorgeheizten Backofen 10 Minuten backen. Auskühlen lassen und mit der Moulinette fein zerkleinern.

Weizengras-Granita
Äpfel waschen, halbieren, Kernhaus entfernen und zerkleinern.
Mit den restlichen Zutaten im Mixer pürieren und in eine flache Form geben.
Im Tiefkühlschrank mindestens 12 Stunden gefrieren lassen.

Fertigstellung

Ein 7 cm hohes Tontöpfchen bis zur Hälfte mit Karamellschokoladenmousse füllen. Weizengrasmousse daraufgeben und mit Schokoladenästen, Schokoladenerde, Weizengras und Blumen garnieren. Tontöpfchen auf Teller stellen. Weizengras-Granita mit einer Gabel abschaben und auf dem Teller anrichten. Mit Blüten und Schokoerde garnieren.

Tipp

› Für die Schokoladenäste spritzt man geschmolzene Schokolade mit einem Spritzbeutel in Form von Ästen auf Backpapier und lässt sie fest werden.

Crêpes mit Erdbeer-Waldmeister-Sorbet

Zutaten (für 4 Personen)

Für die Crêpes
500 g Erdbeeren
100 g Zucker
120 g Dinkelbiskuit (siehe Tipp)
3–4 Kapseln Kardamom, Samen im Mörser zerkleinert
8 Blätter Filoteig (30 x 20 cm)
80 g Staubzucker

Für das Erdbeer-Waldmeister-Sorbet
500 g Erdbeeren
100 ml Läuterzucker (siehe Tipp)
1 Bio-Zitrone, Saft
½ TL Waldmeisterblätter, fein geschnitten

Für die Erdbeersauce
50 g Erdbeeren
1 EL Zitronensaft
1 EL Läuterzucker (siehe Tipp)

Zum Anrichten
2 Erdbeeren, in Würfel geschnitten
2 Erdbeeren, geviertelt
Erdbeerblüten und -blätter

Zubereitung

Crêpes
Erdbeeren waschen und putzen. 100 g im Mixer fein pürieren, die restlichen vierteln. Dinkelbiskuit in sehr kleine Würfel schneiden und mit den pürierten Erdbeeren marinieren. Zucker, Erdbeeren und Kardamom zugeben und gut vermengen. Zwei Filoteigblätter übereinanderlegen und die Erdbeer-Biskuit-Masse darauf verteilen. Einrollen, Ränder mit Wasser bestreichen und gut zusammendrücken. In einer beschichteten Pfanne Staubzucker schmelzen lassen und Strudel darin vorsichtig auf beiden Seiten karamellisieren.

Erdbeer-Waldmeister-Sorbet
Erdbeeren waschen, putzen, klein schneiden und mit Läuterzucker, Zitronensaft und Waldmeister pürieren. Durch ein Sieb streichen, in die Eismaschine geben und gefrieren lassen.

Erdbeersauce
Erdbeeren waschen, putzen und klein schneiden. Mit Zitronensaft und Läuterzucker pürieren und durch ein Sieb streichen.

Fertigstellung

Crêpes portionieren und auf Teller geben. Eine Nocke Sorbet daneben anrichten und mit Erdbeersauce, -würfeln, -vierteln, -blüten und -blättern garnieren.

Tipps

› Für den Dinkelbiskuit braucht man 4 Eigelb, 4 Eiweiß, 50 g Zucker, 40 g weißes Dinkelmehl und 10 g Stärkemehl. Bei 170 Grad 10 Minuten backen.
› Wenden Sie den Strudel erst, wenn er an der Unterseite richtig karamellisiert ist. Benutzen Sie dazu eine lange Palette, damit der Strudel nicht zerbricht.
› Für den Läuterzucker kocht man zu gleichen Teilen Wasser und Zucker auf.

Anna Matscher mit ihrer Familie und sechs Geschwistern auf dem heimatlichen Egarterhof in Vierschach

Sommer

Chinesischer Spargelsalat mit Weinbergpfirsich

Zutaten (für 4 Personen)

6 Weinbergpfirsiche
(pesche di Saturnia)
500 g Spargelsalat (Wosun)
1 Msp. schwarzer Pfeffer,
im Mörser zerstoßen
½ TL Zitronenverbene,
fein geschnitten
Olivenöl
Marillen- oder Quittenessig
Salz

Zum Anrichten
Glattschalige Weinbergpfirsiche,
in kleine Würfel geschnitten
Spargelsalat, blanchiert und
in Würfel geschnitten
Zitronenverbene
Spargelsalatblätter

Zubereitung

Pfirsiche schälen und in Scheiben schneiden, Spargelsalat schälen, in dünne Scheiben schneiden und kurz in Salzwasser aufkochen. Herausnehmen und zu den Pfirsichen geben. Salat mit schwarzem Pfeffer, Zitronenverbene, Marillenessig, Olivenöl und Salz marinieren.

Fertigstellung

Salat auf Tellern anrichten und mit Pfirsichwürfeln, Spargelsalatwürfeln und Spargelsalatblättern garnieren.

Tipp

› Spargelsalat ist eine alte chinesische Kulturpflanze (auch Wosun genannt). Die Blätter schmecken herb und können als Salat gegessen werden. Den fleischigen Spross kann man roh, aber auch gedünstet essen. Besonders beliebt sind die Sorten Chinesische Keule und Roter Stern. Sie bekommen die Samen oder Pflanzen über das Internet oder in einer gut sortierten Gärtnerei.

Salate aus meinem Garten

Zutaten (für 4 Personen)

Für das Dressing
80 g Maikönig
5 Blätter Senfkohl
5 Blätter Mizuna
5 Blätter Wasserpfeffer
10 ml Buttermilch
60 ml Olivenöl
½ Bio-Zitrone, Saft
Salz

Für den Salat
400 g Kräutersalate (Erdbeerspinatfrüchte und -blätter, Minigürkchen, Rettichschoten, Johannisbeertomaten, Tomatillo, Wasabiblätter, Eichblatt, Borretsch, Portulak, Mönchsbart)

Zum Anrichten
Himbeeren
Walderdbeeren
Brombeeren
Essbare Blüten

Zubereitung

Maikönig in kochendem Wasser blanchieren und sofort in Eiswasser abschrecken. Zusammen mit Senfkohl, Mizuna, Wasserpfeffer, Buttermilch und Zitronensaft im Mixer fein pürieren. Olivenöl langsam einrühren und alles durch ein Sieb passieren. Mit Salz würzen.
Kräutersalate waschen, trocken schleudern und mit dem Dressing marinieren.

Fertigstellung

Kräutersalate auf tiefen Tellern oder in Schalen anrichten. Mit Himbeeren, Walderdbeeren, Brombeeren und essbaren Blüten garnieren.

Tipp

› Die Kräutersalate sollten Sie am besten im eigenen Garten oder auf dem Balkon anbauen. Die verschiedenen Salatsorten bekommen Sie als Jungpflanzen oder Samen in gut sortierten Gärtnereien (in Südtirol zum Beispiel bei Galantus in Lana und Schullian in Bozen) oder über das Internet.

In Annas Kindheit kam der Doktor als Kraut: Wermut

Wo Anna herkommt, auf 1.350 Meter Seehöhe im Pustertal, ist das Klima rau. Dennoch hat jede Bäuerin ihren Garten. Fein eingezäunt, am Rand die Blumen, mittendrin – durch Holzbretter geviertelt – die Beete für Kräuter und Gemüse. Was eben wächst. In Vierschach sind es Kohl, Zwiebeln, Johannisbeeren, Karotten, Löwenmaul, Lupinen. Natürlich Schnittlauch, „der übersteht jeden Winter". Und Wermut. „Wir haben viel Wermuttee getrunken. Das war unsere Medizin, wenn einem im Magen flau war." Wer weiß, wie bitter Wermuttee schmeckt – nämlich so, dass einem die Gesichtszüge entgleisen –, ahnt, wie die Kinder sich darüber gefreut haben.
Annas Mutter hat jeden Tag im Garten gearbeitet. Wie alle Bauernkinder ist auch Anna praktisch im Freien aufgewachsen. „Ja, ich bin ein Naturmensch", sagt sie.

Sardinentarte mit Peperoni-Tomaten-Creme

Zutaten (für 4 Personen)

Für die Peperoni-Tomaten-Creme
100 g Zwiebeln, fein geschnitten
20 ml Olivenöl
30 g grüne Peperoni, in kleine Würfel geschnitten
1 Knoblauchzehe, fein geschnitten
100 g Tomaten, in kleine Würfel geschnitten
¼ Lorbeerblatt
1 Thymianzweig
1 kleines Stück unbehandelte Orangenschale
Salz, weißer Pfeffer
1 Msp. Peperoncino

Für die Sardinentarte
250 g Weizenmehl
125 g Butter
5 g Salz
1 kleines Ei
40 ml Wasser
1 Fleischtomate
16 Sardinen, küchenfertig filetiert und entgrätet
Olivenöl
Salz

Zum Anrichten
Fleur de Sel
80 g Burrata
8 konfierte Kirschtomaten (siehe Grundrezepte Seite 190)
Getrocknete Tomatenschale (siehe Tipp)
Basilikum

Zubereitung

Zwiebeln in Olivenöl farblos anschwitzen, Peperoni, Knoblauch, Tomaten, Lorbeer, Thymian und Orangenschale zugeben. Mit Salz, weißem Pfeffer und Peperoncino würzen und bei kleiner Hitze 30 Minuten schmoren lassen. Im Mixer fein pürieren.
Mehl mit Butter und Salz vermengen und rasch zu einem Teig verkneten. Teig-Ziegel formen und in Klarsichtfolie gewickelt im Kühlschrank 30 Minuten ruhen lassen. Mürbteig 2 mm dick ausrollen und in 4 Rechtecke (7 x 13 cm) schneiden. Auf ein mit Backpapier ausgelegtes Backblech legen, mit einer Gabel mehrmals einstechen und im vorgeheizten Backofen bei 200 Grad 10 Minuten backen. Auskühlen lassen.
Mürbteigböden mit Peperoni-Tomaten-Creme bestreichen. Fleischtomate in dünne Scheiben schneiden und auf die Creme legen. Sardinen auf eine Länge von 7 cm zurechtschneiden, leicht salzen und auf die Tarte legen. Mit Olivenöl bestreichen und 5 Minuten im vorgeheizten Backofen bei 180 Grad backen.

Fertigstellung

Sardinentarte auf Teller setzen, mit Fleur de Sel bestreuen und mit Peperoni-Tomaten-Creme, Burrata, konfierten Kirschtomaten, getrockneter Tomatenschale und Basilikum garnieren.

Tipp

› Lassen Sie die Tomatenschale bei 50 Grad 12 Stunden (am besten über Nacht) im Backofen trocknen und zerkleinern Sie sie anschließend in einem Mörser.

Jakobsmuscheln mit Weißkohl-Melonen-Ingwer-Salat

Zutaten (für 4 Personen)

8 Jakobsmuscheln
200 g Weißkohl
120 g Melone
1 EL Ingwer, in ganz feine Würfel geschnitten
Olivenöl
Fruchtessig (Zwetschgen- oder Kakiessig)
Salz
Cayennepfeffer
1 EL geschälte Mandeln, gehackt
4 EL Joghurt
Kerbel

Zubereitung

Jakobsmuscheln aus der Schale lösen, waschen, trocken tupfen, mit Salz und Cayennepfeffer würzen und in Olivenöl anbraten.
Weißkohl putzen, Strunk herausschneiden und in feine Streifen hobeln.
Melone schälen, entkernen, ebenfalls in feine Streifen schneiden und zum Weißkohl geben. Ingwer zufügen und mit Olivenöl, Fruchtessig, Salz und Cayennepfeffer marinieren.

Fertigstellung

Weißkohl-Melonen-Ingwer-Salat mithilfe eines Metallrings mittig auf dem Teller anrichten. Je zwei Jakobsmuscheln daneben platzieren und mit gehackten Mandeln, Joghurt und Kerbel garnieren.

Gefüllte Zucchiniblüten im Tempuramantel mit Zucchini-Oliven-Salat

Zutaten (für 4 Personen)

Für die gefüllten Zucchiniblüten
50 g Basilikum
5 g Pinienkerne
40 ml Olivenöl
200 g Büffel-Ricotta
8 Zucchiniblüten
Salz

Für den Tempurateig
50 g Weizenmehl
50 g Kartoffelmehl
2–3 Eiswürfel
Kaltes Wasser
Salz
500 ml Sonnenblumenöl

Für den Zucchini-Oliven-Salat
4 kleine Zucchini
Olivenöl
30 g Taggiasca-Oliven (ohne Stein)
Salz

Zum Anrichten
Salat (Rucola, Eichblatt, Kopfsalat)

Zubereitung

Basilikumblätter von den Stielen zupfen, in Salzwasser blanchieren und sofort in Eiswasser abschrecken. Mit Pinienkernen und Olivenöl im Mixer fein pürieren.
Büffel-Ricotta durch ein Sieb streichen, Pesto zugeben und mit Salz würzen. Aus den Zucchiniblüten vorsichtig den Blütenstempel entfernen, Ricotta-Masse mithilfe eines Spritzbeutels in die Blüten füllen und vorsichtig zudrehen.
Mehl, Kartoffelmehl, Eiswürfel, kaltes Wasser und Salz zu einem dickflüssigen Tempurateig verrühren. Die Blüten durch den Teig ziehen und im 180 Grad heißen Sonnenblumenöl knusprig ausbacken. Herausnehmen und auf Küchenkrepp abtropfen lassen.
Zucchini waschen und mit Schale schräg in 0,5 cm dicke Stücke schneiden. In Olivenöl anschwitzen. Oliven in Scheiben schneiden, dazugeben, mit Sherry-Essig ablöschen und mit Salz würzen.

Fertigstellung

Die gefüllten Zucchiniblüten auf Teller legen und Zucchini-Oliven-Salat auf Salatblättern daneben anrichten.

Cannelloni mit mediterranem Gemüse

Zutaten (für 4 Personen)

350 g Melanzane
150 g rote Peperoni
250 g Zucchini
Olivenöl
Salz
Cayennepfeffer
1 Thymianzweig, fein gehackt
1 Stängel Basilikum, fein gehackt
350 g Nudelteig (siehe Grundrezepte Seite 190)

Zum Anrichten
12 konfierte Tomaten (siehe Grundrezepte Seite 190)
Mozzarellacreme (siehe Tipp)
Basilikumöl (siehe Tipp)
Basilikumblätter

Zubereitung

Melanzane und Peperoni schälen und in feine Streifen schneiden. Zucchini waschen und ebenfalls in feine Streifen schneiden. Olivenöl erhitzen, Gemüse darin auf kleiner Flamme schmoren und mit Salz und Cayennepfeffer würzen. Auskühlen lassen und mit den gehackten Kräutern vermischen. Nudelteig mit der Nudelmaschine dünn ausrollen und in Rechtecke (20 x 10 cm) schneiden. Etwas Gemüsefüllung auf die Teigblätter setzen, Ränder mit Wasser bestreichen und einrollen. Auf beiden Seiten gut zusammendrücken. Cannelloni in Salzwasser 3 Minuten kochen lassen.

Fertigstellung

Je zwei Cannelloni auf Tellern anrichten. Mit konfierten Tomaten, Mozzarellacreme, Basilikumöl und Basilikum garnieren.

Tipps

› Für die Mozzarellacreme werden 100 g Mozzarella mit 30 ml Salzlake oder Molke (von der Mozzarella) im Mixer fein püriert und mit Salz abgeschmeckt.
› Für das Basilikumöl werden 30 g Basilikumblätter blanchiert, in Eiswasser abgeschreckt und mit 30 ml Olivenöl im Mixer fein gemixt.

Melanzane-Teigtaschen mit Vongole

Zutaten (für 4 Personen)

Für die Teigtaschen
500 g Melanzane
1 große Schalotte, fein geschnitten
2 Knoblauchzehen, fein geschnitten
Olivenöl
1 Stängel Basilikum
Salz
350 g Nudelteig (siehe Grundrezepte Seite 190)

Für die Vongole
500 g Vongole
3 Knoblauchzehen, fein geschnitten
1 Schalotte, fein geschnitten
1 TL Petersilie, fein geschnitten
1 TL Thymian, fein geschnitten
50 ml Weißwein

Zum Anrichten
2 geschmorte Tomaten (siehe Grundrezepte Seite 190)
Basilikumblätter

Zubereitung

Melanzane schälen und in feine Würfel schneiden. Schalotte und Knoblauch in Olivenöl anschwitzen, Melanzane zugeben, salzen und zusammenfallen lassen. Basilikum in feine Streifen schneiden und dazugeben.
Vongole gut unter fließendem Wasser säubern. Geöffnete Muscheln wegwerfen. Schalotte, Knoblauch, Thymian und Petersilie in Olivenöl andünsten, Vongole dazugeben und mit Weißwein ablöschen. Mit geschlossenem Deckel so lange garen, bis sich die Muscheln geöffnet haben. Geschlossene Muscheln aussortieren.

Fertigstellung

Nudelteig mit der Nudelmaschine dünn ausrollen. Teigblätter in 7,5 x 7,5 cm große Quadrate schneiden, auf jedes Quadrat etwas von der Füllung setzen. Teigränder gut mit Wasser bestreichen und so über der Füllung zusammenklappen, dass die Spitzen in der Mitte zusammentreffen. In Salzwasser 3 Minuten kochen lassen. Geschmorte Tomaten fein schneiden, zusammen mit den Teigtaschen zu den Muscheln geben und kurz durchschwenken. Teigtaschen mit den Muscheln auf Tellern anrichten und mit Basilikumblättern garnieren.

Schwarze Bandnudeln mit Oktopus und geschmorten Tomaten

Zutaten (für 4 Personen)

Für die schwarzen Bandnudeln
500 g Weizenmehl
50 g Hartweizengrieß
10 Eigelb
1 Ei
2 Pkg. Tintenfischtinte
40 ml Wasser

Für den Oktopus
1 kleiner Oktopus (ca. 500 g)
1 Schalotte
½ Bio-Zitrone, ohne Schale und weiße Haut
3 Petersilienstängel
8 geschmorte Tomatenviertel (siehe Grundrezepte Seite 190)
20 ml Olivenöl
1 TL Petersilie, fein geschnitten
Salz
Cayennepfeffer

Zum Anrichten
Olivenkraut

Zubereitung

Mehl, Hartweizengrieß, Eigelb, Ei, Tintenfischtinte und Wasser mit der Küchenmaschine zu einem festen Teig verkneten. In Klarsichtfolie wickeln und 30 Minuten ruhen lassen. Nudelteig mit der Nudelmaschine dünn ausrollen und in feine Bandnudeln schneiden.
Oktopus zusammen mit Schalotte, Zitrone und Petersilienstängeln in Wasser weich kochen (je nach Größe etwa 45 Minuten). In der Flüssigkeit auskühlen lassen, herausnehmen, häuten (Saugnäpfe dabei nicht entfernen) und die Arme vom Bauch lösen. Oktopus in mundgerechte Stücke schneiden. Vom Kochwasser 200 ml abnehmen und mit Olivenöl auf die Hälfte einkochen lassen. Geschmorte Tomatenviertel in Streifen schneiden und zusammen mit Petersilie und Oktopus in den reduzierten Fond geben.

Fertigstellung

Bandnudeln in Salzwasser 3 Minuten garen. Herausnehmen und in der Sauce schwenken, bis sie schön cremig sind.
Bandnudeln mit Oktopus auf Tellern anrichten und mit Olivenkraut garnieren.

Tipp

› Kochen Sie den Oktopus zusammen mit einem Korken, dann wird er zarter.

Mit Pfifferlingen gefüllte Ravioli auf Kalbsbries

Zutaten (für 4 Personen)

Für die Ravioli
500 g Pfifferlinge
50 g Zwiebeln, fein geschnitten
Salz, Pfeffer
20 g Butter
1 TL Petersilie, fein geschnitten
350 g Nudelteig (siehe Grundrezepte Seite 190)

Für das Kalbsbries
100 g Kalbsbries vom Milchkalb
Salz, Pfeffer
Butter

Zum Anrichten
12 kleine Pfifferlinge, in Butter gedünstet
Kerbel
50 ml Kalbssauce (siehe Grundrezepte Seite 189)
2–3 EL Pilzschaum (siehe Grundrezepte Seite 190)

Zubereitung

Pfifferlinge putzen und klein schneiden. Zwiebel in Butter farblos anschwitzen, Pfifferlinge zugeben und bei starker Hitze (damit nicht so viel Flüssigkeit austritt) braten. Salzen, pfeffern und mit Petersilie abschmecken. Auskühlen lassen und fein hacken.
Nudelteig mit der Nudelmaschine dünn ausrollen und mit einem Ring (Ø 7 cm) Kreise ausstechen. Etwas Füllung auf die Teigkreise setzen, Ränder mit Wasser bestreichen und zusammenklappen. Teigränder gut andrücken.
Kalbsbries salzen, pfeffern und in Butter braten.

Fertigstellung

Ravioli mit Kalbsbries auf Tellern anrichten. Mit Pfifferlingen, Kerbel, Kalbssauce und Pilzschaum garnieren.

Gebratener Seeteufel mit dreierlei Fenchel

Zutaten (für 4 Personen)

Für den Seeteufel
600 g Seeteufel, küchenfertig und filetiert
Olivenöl
Salz
Cayennepfeffer

Für die gebrannte Fenchelcreme
400 g Fenchel
40 ml Olivenöl
Salz

Für den gekochten Fenchel
400 g Fenchel
1 Bio-Zitrone, Schale abgerieben
Salz
Olivenöl

Für den Fenchelfond
600 ml Wasser
1 Bio-Zitrone, Schale abgerieben
1 Msp. Peperoncino
10 Pfefferkörner
5 g Fenchelsamen
Salz

Zum Anrichten
Fenchelgrün

Zubereitung

Seeteufel
Seeteufel salzen und mit Cayennepfeffer würzen. In Olivenöl auf allen Seiten anbraten, herausnehmen und die Pfanne mit Alufolie auslegen. Seeteufel wieder hineinlegen und im vorgeheizten Backofen bei 200 Grad 5–7 Minuten (je nach Dicke der Filets) garen. Auf Küchenkrepp legen und warm halten.

Fenchelcreme
Fenchel putzen, Fenchelabfälle für den Fenchelfond beiseitestellen. Fenchel klein schneiden und mit Olivenöl 1 Stunde bei mittlerer Hitze goldbraun rösten. Im Mixer oder in der Moulinette fein pürieren und mit Salz würzen. Sollte die Creme zu fest sein, etwas Gemüsefond unterrühren. Fenchelcreme in einen Spritzbeutel füllen.

Gekochter Fenchel
Fenchel waschen, halbieren, Strunk und Fenchelgrün wegschneiden und für den Fenchelfond beiseitelegen. Von den Fenchelblättern die Haut bzw. die groben Fasern abziehen, Fenchelblätter in 3 cm große Stücke schneiden und mit Zitronenschale, Salz und Olivenöl marinieren.

Fenchelfond
Wasser mit 200 g Fenchelabfällen (Strunk und Fenchelgrün) aufkochen und vom Herd nehmen. Zitronenschale, Peperoncino, Pfefferkörner und Fenchelsamen dazugeben und 1 Stunde ziehen lassen. Durch ein Sieb seihen und mit Salz abschmecken.

Fertigstellung

Fenchelstücke mit etwas Fenchelfond aufkochen und zugedeckt 10 Minuten ziehen lassen.
Fenchel herausnehmen und auf Teller legen. Jeweils 4 Tupfen Fenchelcreme aufspritzen und Fenchelfond angießen. Seeteufel in Scheiben schneiden und auf dem Fenchel anrichten. Mit Fenchelgrün garnieren.

Ombrina mit Schmortomaten, Oliven und Artischocken

Zutaten (für 4 Personen)

2–4 Artischocken (je nach Größe)
Olivenöl
Salz
4 Ombrinafilets, küchenfertig und ohne Haut
1 geschmorte Tomate (siehe Grundrezepte Seite 190)
1 EL Taggiasca-Oliven (ohne Stein)
Cayennepfeffer
1 Msp. Thymian, fein geschnitten
1 TL Petersilie, fein geschnitten
1 Msp. Rosmarin, fein gehackt
4 EL Olivenöl

Zubereitung

Von den Artischocken die äußeren Blätter entfernen, die Spitzen abschneiden und das „Heu" herauskratzen. In Spalten schneiden und sofort in Olivenöl anbraten. Mit Salz würzen.
Fischfilets portionieren (je 150 g) und mit Salz und Cayennepfeffer würzen. Backpapier in 4 Quadrate (32 x 32 cm) schneiden und Fisch darauflegen. Geschmorte Tomate in Streifen schneiden und Oliven hacken. Zusammen mit den Artischockenspalten um den Fisch herum verteilen.
Thymian, Petersilie und Rosmarin mit Olivenöl vermischen und den Fisch damit beträufeln. Backpapier gut mit Küchengarn verschließen und im vorgeheizten Backofen bei 200 Grad 10–12 Minuten garen.

Fertigstellung

Küchengarn entfernen und Fisch-Gemüse-Päckchen auf Teller setzen. Das Papier öffnen und den Fisch mit etwas Olivenöl begießen.

Tipp

› Sie können die Ombrina (deutsch: Schattenfisch oder Umber) auch durch einen Wolfsbarsch ersetzen.

Rindsfilet mit Soja-Gemüse und Wasabi-Petersilien-Pesto

Zutaten (für 4 Personen)

Für das Rindsfilet
600 g Rindsfilet, pariert
Salz, Pfeffer
1 Msp. Rosmarin, fein gehackt
Olivenöl
Fleur de Sel

Für das Soja-Gemüse
4 gelbe Zucchini mit Blüte
4 gelbe Zucchini ohne Blüte
4 rote Cocktailtomaten
2 kleine gestreifte Melanzane
4 rote Hörnchen-Peperoni
(Perperoni cornetto)
Salz
Olivenöl
Cayennepfeffer
50 ml Sojasauce
1 Msp. Zucker

Für das Wasabi-Petersilien-Pesto
50 g Petersilie
1 TL Wasabi-Paste
2 EL Olivenöl
2–3 EL Gemüsefond (siehe
Grundrezepte Seite 190)

Zum Anrichten
Basilikumblätter
Kerbel

Zubereitung

Rindsfilet mit Salz und Pfeffer würzen. In Olivenöl auf allen Seiten anbraten, mit Rosmarin bestreuen und im vorgeheizten Backofen bei 200 Grad 5–10 Minuten (je nach Dicke) garen. In Alufolie wickeln und bei 80 Grad 10 Minuten ruhen lassen.
Zucchini waschen, die ohne Blüte längs halbieren, die mit Blüte ganz lassen. Cocktailtomaten kreuzweise einritzen, blanchieren und die Haut über den Strunk ziehen. Melanzane und Peperoni waschen, längs vierteln bzw. halbieren. Gemüse mit Salz und Cayennepfeffer würzen, auf ein Backblech legen und mit Olivenöl beträufeln. Im vorgeheizten Backofen bei 180 Grad 15 Minuten garen. Sojasauce mit Zucker einkochen lassen und Gemüse darin schwenken.
Petersilienblätter von den Stielen zupfen und 4 Minuten in Salzwasser blanchieren, mit kaltem Wasser abschrecken. Zusammen mit Wasabi, Olivenöl und etwas Gemüsefond in der Moulinette oder im Mixer fein mixen, sodass ein dickflüssiges Pesto entsteht.

Fertigstellung

Rindsfilet in Scheiben schneiden und auf den Teller legen. Das Gemüse daneben anrichten. Mit Wasabi-Petersilien-Pesto, Basilikumblättern und Kerbel garnieren.

Geschmorte Kalbswange mit Bohnen-Wildkräuter-Salat

Zutaten (für 4 Personen)

4 Kalbswangen (ca. 600 g), pariert
Salz, Pfeffer
Olivenöl
200 g Wurzelgemüse (Karotte, Zwiebel, Lauch, Stangensellerie)
1 Tomate
4 Knoblauchzehen
300 ml dunkler Rotwein (z. B. Lagrein)
1½ l Gemüsefond (siehe Grundrezepte Seite 190)
1 Rosmarinzweig
1 Thymianzweig
1 Lorbeerblatt
3 Wacholderbeeren

Zum Anrichten
150 g Kräutersalat (Chamäleonpflanze [*Houttuynia cordata*], Erdbeerspinat, Bronzefenchel, Rettichschote, Purpurrote Taubnessel, Zierpetersilie)
Olivenöl
Salz
Sherry-Essig
150 g Trasimeno-Bohnen (Fagiolina del Trasimeno), gekocht
½ Schalotte

Zubereitung

Kalbswangen salzen, pfeffern und in Olivenöl scharf anbraten. Wurzelgemüse, Tomate und Knoblauch dazugeben und etwas mitrösten lassen. Mit Rotwein ablöschen und Flüssigkeit einkochen lassen. Mit so viel Gemüsefond aufgießen, dass das Fleisch bedeckt ist. Rosmarin, Thymian, Lorbeer und Wacholderbeeren zufügen und alles 2 Stunden schmoren lassen. Kalbswangen herausnehmen und warm halten. Die Sauce durch ein Sieb passieren und das Gemüse dabei gut durchstreichen, damit die Sauce gebunden wird.

Fertigstellung

Kräutersalate waschen und von den Stielen zupfen. Mit Olivenöl, Salz und Sherry-Essig marinieren. Schalotte in kleine Würfel schneiden und mit den gekochten Bohnen, Olivenöl, Salz und Sherry-Essig vermischen. Kalbswangen halbieren und mit Bohnen-Wildkräuter-Salat auf Tellern anrichten. Mit Sauce garnieren.

Tipps

› Nehmen Sie beim Wurzelgemüse ungefähr zwei Drittel Karotten und Zwiebeln und ein Drittel Lauch und Stangensellerie.
› Statt der umbrischen Bohnensorte Fagiolina del Trasimeno können Sie auch andere kleine braune Bohnen verwenden.
› Weichen Sie die Bohnen über Nacht in kaltem Wasser ein und kochen Sie sie 30 Minuten in Salzwasser.
› Die Chamäleonpflanze ist auch unter dem Namen Molchschwanz, Eidechsenschwanz oder Buntblatt bekannt. Sie kann als Gemüse oder Salat gegessen werden. Ihr Geschmack variiert zwischen orangen- bzw. korianderartig und fischig.

Törtchen und Sorbet von der Johannisbeere

Zutaten (für 4 Personen)

Für die Johannisbeertörtchen
250 g Rote Johannisbeeren
140 g Zucker
2 cl Rum
1 Msp. Zimt
125 g Butter
1 Ei
1 Eigelb
80 g Haselnüsse, geröstet und gerieben
125 g Weizenmehl
1 TL Backpulver
1 Msp. Vanillemark

Für das Johannisbeersorbet
500 g Johannisbeeren
200 ml Läuterzucker (siehe Tipp Seite 58)

Zum Anrichten
Staubzucker
Heller Crumble (siehe Grundrezepte Seite 191)
Weiße, Schwarze und Rote Johannisbeeren
Minzeblätter
Schwarze Johannisbeersauce (siehe Tipp)

Zubereitung

Johannisbeertörtchen
Johannisbeeren vorsichtig von den Rispen befreien. Mit 60 g Zucker, Rum und Zimt vermischen. Butter, 80 g Zucker, Ei, Eigelb, Haselnüsse, Mehl, Backpulver und Vanillemark zu einem Teig verrühren. Johannisbeeren vorsichtig unterheben. Soufflléförmchen ausbuttern und den Teig einfüllen. Im vorgeheizten Backofen bei 180 Grad 30 Minuten backen.

Johannisbeersorbet
Johannisbeeren von den Rispen befreien und mit Läuterzucker kurz im Mixer zerkleinern (Achtung, die Kerne sollten dabei nicht kaputtgehen!). Durch ein Sieb streichen und in der Eismaschine gefrieren lassen.

Fertigstellung

Törtchen aus den Formen lösen und auf Teller setzen. Mit Staubzucker bestreuen. Eine Nocke Johannisbeersorbet auf Crumble daneben anrichten. Mit Johannisbeeren, Minze und Schwarzer Johannisbeersauce garnieren.

Tipp

› Für die Schwarze Johannisbeersauce wird Schwarzer Johannisbeersaft mit Zucker (je nach Geschmack) verrührt.

Weiße Schokoladenmousse mit Basilikum, Tomaten und Erdbeeren

Zutaten (für 4 Personen)

Für die weiße Schokoladenmousse
60 g weiße Schokolade
200 ml Sahne
35 ml Olivenöl
¼ Blatt Gelatine

Für die Tomatenmarmelade
75 g Tomaten
25 g Zucker
1 g Pektin

Für das Tomateneis
300 g sehr reife Tomaten
110 ml Wasser
90 g Zucker

Für das Basilikumsorbet
20 g Basilikum
400 g Sorbet-Grundmasse (siehe Grundrezepte Seite 190)
½ Bio-Zitrone, Saft

Für die marinierten Erdbeeren
100 g Erdbeeren
6 Minzeblätter
¼ Bio-Zitrone, Saft und Schale abgerieben
1 EL Zucker

Zum Anrichten
Schokoladenerde (siehe Seite 56)
Basilikumblättchen

Zubereitung

Schokoladenmousse
Weiße Schokolade über dem Wasserbad schmelzen lassen. 25 ml Sahne aufkochen und mit der Schokolade vermischen. Olivenöl unterrühren. Gelatine in Wasser einweichen, gut ausdrücken und in der Schokoladenmasse auflösen. Auskühlen lassen. Die restliche Sahne steif schlagen und unterheben.

Tomatenmarmelade
Tomaten waschen und mit einer Passiermühle (Flotte Lotte) passieren. Zucker mit Pektin vermischen und unter die passierten Tomaten rühren. Bei 106 Grad so lange kochen lassen, bis die Marmelade die richtige Konsistenz hat.

Tomateneis
Tomaten waschen und durch ein Sieb passieren. Wasser und Zucker aufkochen, unter die passierten Tomaten rühren und in der Eismaschine gefrieren lassen.

Basilikumsorbet
Basilikum von den Stielen zupfen, blanchieren und in Eiswasser abschrecken. Mit Sorbet-Grundmasse und Zitronensaft im Mixer fein mixen. Alles in die Eismaschine geben und gefrieren lassen.

Marinierte Erdbeeren
Erdbeeren vierteln, Minze in feine Streifen schneiden. Zitronensaft, -schale und Zucker dazugeben und gut vermischen.

Fertigstellung

Weiße Schokoladenmousse in einen Spritzbeutel füllen und als Tupfen auf dem Teller anrichten. Marinierte Erdbeeren anlegen und je eine Kugel Tomateneis und Basilikumsorbet auf Schokoladenerde dazwischensetzen. Mit Tomatenmarmelade, Schokoladenerde und Basilikum garnieren.

Tipp

› Kontrollieren Sie die Temperatur beim Kochen der Tomatenmarmelade am besten mit einem Thermometer.

Kräutersüppchen mit Basilikum- und Ananassorbet

Zutaten (für 4 Personen)

Für das Kräutersüppchen
350 ml weißer Portwein
350 ml Wasser
50 ml Läuterzucker (siehe Tipp Seite 58)
1 Bio-Zitrone, Saft und Schale
2 Lorbeerblätter
1 TL Zitronenthymian
1 EL Minze
1 EL Zitronenverbene
1 TL Zitronenbasilikum
1 Rosmarinzweig

Für das Ananassorbet
200 g Ananas
50 g Läuterzucker (siehe Tipp Seite 58)
2 Blätter Ananassalbei

Für das Basilikumsorbet
300 g Sorbet-Grundmasse (siehe Grundrezepte Seite 190)
25 g Rotes Basilikum
½ Bio-Zitrone, Saft

Zum Anrichten
Ananassalbeiblüten
Englische Rose, in Streifen geschnitten
Kornblumen

Zubereitung

Kräutersüppchen
Portwein, Wasser, Läuterzucker und Zitronenschale aufkochen und auf die Hälfte reduzieren. Lorbeer, Zitronenthymian, Minze, Zitronenverbene, Zitronenbasilikum und Rosmarin dazugeben und noch einmal kurz aufkochen. Zitronensaft dazugeben. Mit den Kräutern auskühlen lassen und durch ein Sieb gießen.

Ananassorbet
Ananas schälen und in kleine Würfel schneiden. Mit Läuterzucker und Ananassalbei im Mixer fein pürieren und in der Eismaschine gefrieren lassen.

Basilikumsorbet
Sorbet-Grundmasse, Rotes Basilikum und Zitronensaft im Mixer fein mixen und in der Eismaschine gefrieren lassen.

Fertigstellung

Kräutersüppchen mit je 2 Kugeln Ananas- und Basilikumsorbet in tiefen Tellern anrichten. Mit Ananassalbeiblüten, Englischer Rose und Kornblumen garnieren.

Tipp

› Rosmarin- und Zitronenthymianblätter zum Aufkochen des Kräutersüppchens vorher von den Zweigen zupfen.

Nigilan mit Honig

Zutaten (für 4 Personen)

20 g Hefe
250 ml warme Milch
500 g Weizenmehl
3 EL Zucker
1 Prise Salz
4 Eigelb
100 g Butter
1 cl Rum
2 EL Anis
500 ml Sonnenblumenöl

Zum Anrichten
Honig
Essbare Blüten

Zubereitung

Hefe mit der warmen Milch und 2 EL Mehl zum Dampfl verrühren, zugedeckt an einem warmen Ort 15 Minuten gehen lassen. Das Dampfl mit dem restlichen Mehl, Zucker, Salz, Eigelb, Butter, Rum und Anis vermengen und so lange kneten, bis der Teig Blasen wirft. Abgedeckt bei Zimmertemperatur gehen lassen, bis sich das Teigvolumen verdoppelt hat. Nigilan formen und in 180 Grad heißem Sonnenblumenöl schwimmend ausbacken.

Fertigstellung

Nigilan auf Tellern anrichten, mit Honig begießen und mit Blüten garnieren.

Tipps

› Die Zutaten für den Hefeteig sollten Zimmertemperatur haben.
› Nigilan sind Kirchtagskrapfen aus dem Pustertal. Sie werden traditionell mit Honig gegessen. Sie können dazu aber auch Preiselbeerkompott (siehe Grundrezepte Seite 191) servieren.

Herbst

Kichererbsenpüree mit Wurzelgemüse-Chips

Zutaten (für 4 Personen)

Für das Kichererbsenpüree
200 g getrocknete Kichererbsen
1 Thymianzweig
1 Rosmarinzweig
80 ml Olivenöl
Salz
Gemüsefond (siehe Grundrezepte S. 190)

Für die Wurzelgemüse-Chips
30 g Rohnen
30 g Karotten
30 g Topinambur
30 g Pastinaken
30 g Schwarzwurzeln
30 g Knollige Kapuzinerkresse
30 g violette Kartoffeln
30 g Grünkohl
Sherry-Essig
Olivenöl
Salz, Pfeffer
500 g Sonnenblumenöl

Zum Anrichten
20 getrocknete Taggiasca-Oliven (siehe Tipp)

Zubereitung

Kichererbsen 12 Stunden (am besten über Nacht) in kaltem Wasser einweichen. Wasser abgießen und Kichererbsen mit Thymian und Rosmarin in Salzwasser 30 Minuten weich kochen. Abgießen und Kichererbsen mit Olivenöl und so viel Gemüsefond im Mixer pürieren, dass ein cremiges Püree entsteht. Mit Salz würzen.
Rohnen, Karotten, Topinambur, Pastinaken, Schwarzwurzeln, Knollige Kapuzinerkresse und violette Kartoffeln waschen und in dünne Scheiben schneiden. Grünkohlblätter in mundgerechte Stücke zupfen, mit Sherry-Essig, Olivenöl, Salz und Pfeffer marinieren. Im Backofen bei 50 Grad 8 Stunden trocknen. Das restliche Gemüse portionsweise in 160 Grad heißem Sonnenblumenöl frittieren. Auf Küchenkrepp entfetten und salzen.

Fertigstellung

Getrocknete Oliven fein hacken oder zerbröseln. Püree auf tiefen Tellern anrichten. Mit Wurzelgemüse-Chips garnieren und mit getrockneten Oliven bestreuen.

Tipps

› Lassen Sie die Oliven (ohne Stein) über Nacht bei 50 Grad im Backofen trocknen.
› Wenn Sie keine Knollige Kapuzinerkresse bekommen, können Sie auch Knollensellerie oder Krautrüben (Herbstrüben) verwenden.

Capuccino vom Weißen Trüffel

Zutaten (für 4 Personen)

Für den Cappuccino-Schaum

50 g Champignons
50 g Butter
2 EL Madeira
250 ml Gemüsefond (siehe Grundrezepte Seite 190)
50 ml Sahne
Salz
10 g Trüffelabfälle
Pfeffer

Für das Kartoffelpüree

250 g Kartoffeln
50 ml Sahne
Salz

Zum Anrichten

100 g Steinpilze
50 g Champignons
Butter
15 g Schüttelbrot
4 kleine, sehr frische Eigelb
20 g weißer Trüffel, in dünne Scheiben gehobelt

Zubereitung

Cappuccino-Schaum

Champignons putzen, klein schneiden, in Butter anschwitzen und mit Madeira ablöschen. Flüssigkeit einkochen lassen und mit Gemüsefond und Sahne aufgießen. Salzen und 15 Minuten köcheln lassen. Kurz vor Ende der Garzeit Trüffelabfälle dazugeben. Alles im Mixer zerkleinern und durch ein feines Sieb passieren. Mit Pfeffer würzen.

Kartoffelpüree

Kartoffeln schälen, in Salzwasser weich kochen und durch ein Sieb streichen. Sahne unterrühren und salzen.

Fertigstellung

Steinpilze und Champignons vierteln oder in Scheiben schneiden, in Butter andünsten und mit Salz würzen. Schüttelbrot in einen Gefrierbeutel geben und zerkleinern. Schüttelbrotbrösel in Butter anrösten.
Kartoffelpüree auf Glastassen verteilen, eine kleine Mulde hineindrücken und je ein rohes Eigelb hineinsetzen. Steinpilze, Champignons und Schüttelbrot darauf verteilen und mit Cappuccino-Schaum abschließen. Mit Trüffelscheiben garnieren.

Saiblingstatar mit Rohnen-Apfel-Salat

Zutaten (für 4 Personen)

Für das Tatar
400 g Saiblingsfilet (ohne Haut und Gräten)
Salz
Cayennepfeffer
50 ml Kräuteröl (siehe Grundrezepte Seite 191)
1 TL Sauerklee, in feine Streifen geschnitten

Für den Rohnen-Apfel-Salat
500 g Rohnen
1 Msp. Kümmel, gehackt
Olivenöl
Salz, Pfeffer
Apfelessig
Zitronensaft
Etwas Gemüsefond (siehe Grundrezepte Seite 190)
150 g Äpfel

Zum Anrichten
100 g Äpfel
1 EL Zitronensaft
1 g Agar-Agar
Rohnenblätter

Zubereitung

Saibling in kleine Würfel schneiden, mit Salz, Cayennepfeffer, Kräuteröl und Sauerklee marinieren. Bis zum Servieren kalt stellen.
Rohnen waschen und in eine mit grobem Meersalz gefüllte Auflaufform setzen. Mit Alufolie abdecken und 2–3 Stunden im vorgeheizten Backofen bei 160 Grad garen. Schälen und in kleine Würfel schneiden. Rohnenwürfel mit Olivenöl, Salz, Pfeffer, Kümmel, Apfelessig, Zitronensaft und Gemüsefond vermischen und einige Stunden (am besten über Nacht) im Kühlschrank ziehen lassen.
Äpfel schälen, Kernhaus entfernen und in kleine Würfel schneiden. Mit den Rohnen vermengen und noch einmal mit Salz und Cayennepfeffer abschmecken.

Fertigstellung

Äpfel entsaften und sofort mit Zitronensaft und Agar-Agar vermischen. Aufkochen und auskühlen lassen.
Saiblingstatar und Rohnen-Apfel-Salat abwechselnd als Streifen auf Tellern anrichten. Mit Apfelgelee und Rohnenblättern garnieren.

Sepia-Steinpilz-Salat

Zutaten (für 4 Personen)

400 g Sepia, küchenfertig
Salz
Cayennepfeffer
Olivenöl
150 g Steinpilze
Zitronensaft
½ TL Petersilie, in Streifen geschnitten

Zum Anrichten

2 Steinpilze, geputzt und fein gehobelt
Frittierte krause Petersilienblättchen

Zubereitung

Sepia mit Salz und Cayennepfeffer würzen und in Olivenöl kurz auf beiden Seiten anbraten. Aus der Pfanne nehmen und in feine Streifen schneiden.
Steinpilze putzen, in dünne Scheiben schneiden und in Salzwasser blanchieren, herausnehmen und auf Küchenkrepp abtropfen lassen.
Sepia und Steinpilze mit Olivenöl, Salz und Zitronensaft marinieren. Die in Streifen geschnittene Petersilie untermischen.

Fertigstellung

Sepia-Steinpilz-Salat auf Tellern anrichten. Mit gehobelten Steinpilzen und frittierten Petersilienblättchen garnieren.

Kalbsbries mit Kartoffelstroh und Herbstpfifferlingen

Zutaten (für 4 Personen)

400 g Kartoffeln
500 ml Sonnenblumenöl
200 g Kalbsbries vom Milchkalb, pariert
Butter
50 g Herbstpfifferlinge
2 Schalotten, fein geschnitten
30 ml Weißwein
200 ml Gemüsefond (siehe Grundrezepte Seite 190)
Salz
Pfeffer
10 ml Sahne

Zum Anrichten
100 g Herbstpfifferlinge (Trompetenpfifferlinge)
Olivenöl
Salz, Pfeffer
Kräutersalate (z. B. Ananassalbei und Senfkohl)
Olivenöl
Sherry-Essig

Zubereitung

Kartoffeln schälen, waschen, mit einer Mandoline in feine Scheiben hobeln und mit dem Messer in dünne Streifen schneiden.
30 Minuten in lauwarmes Wasser legen und auf einem Küchentuch gut abtrocknen lassen. Sonnenblumenöl erhitzen und Kartoffelstreifen darin goldgelb frittieren. Salzen und auf Küchenkrepp entfetten.
Kalbsbries in Röschen teilen, salzen, pfeffern und in Butter anbraten.
Herbstpfifferlinge putzen, waschen und mit den Schalotten in Butter anschwitzen. Mit Weißwein ablöschen und mit Gemüsefond auffüllen. 15 Minuten kochen lassen, salzen, pfeffern und Sahne zugeben. Im Mixer zerkleinern und durch ein Sieb seihen. Flüssigkeit mit dem Schneidstab aufschäumen.

Fertigstellung

Herbstpfifferlinge putzen und in Olivenöl dünsten. Mit Salz und Pfeffer würzen. Kräutersalate mit Olivenöl, Sherry-Essig und Salz marinieren.
Kartoffelstroh mittig auf Tellern anrichten. Kalbsbries darauf platzieren.
Mit gedünsteten Herbstpfifferlingen, Herbstpfifferlingsschaum und Kräutersalaten garnieren.

Kastaniensüppchen mit getrocknetem Radicchio

Zutaten (für 4 Personen)

500 g Kastanien
1 kleine Schalotte
50 g Butter
1 EL Weißwein
1 l Gemüsefond (siehe Grundrezepte S. 190)
Salz

Zum Anrichten
10 Blätter getrockneter Radicchio rosso di Treviso (siehe Grundrezepte Seite 191)
4 Kastanien, geschält und in dünne Scheiben geschnitten

Zubereitung

Kastanien in siedendem Salzwasser 30 Minuten kochen. Halbieren und Kastanienfruchtfleisch mit einem kleinen Löffel herauskratzen. Schalotte in feine Würfel schneiden und in Butter farblos anschwitzen. Kastanien dazugeben und mit Weißwein ablöschen. Flüssigkeit einkochen lassen, mit Gemüsefond aufgießen und mit Salz würzen. 15 Minuten kochen lassen.
Im Mixer fein pürieren und durch ein Sieb passieren.

Fertigstellung

Kastaniensuppe in tiefe Teller füllen. Mit getrocknetem Radicchio und in Scheiben geschnittenen Kastanien garnieren.

Kastanien-Tortelloni mit sizilianischen Garnelen

Zutaten (für 4 Personen)

Für die Tortelloni
250 g gekochte Kastanien, passiert
1 Eigelb
30 ml Sahne
Salz
350 g Nudelteig (siehe Grundrezepte Seite 190)

Für den Garnelenschaum
500 g Garnelenschalen (siehe Tipp)
2 EL Olivenöl
1 TL Butter
50 g Wurzelgemüse (Stangensellerie, Schalotten, Fenchel)
2 Knoblauchzehen
100 g Tomaten
1 TL Cognac
1 EL Noilly Prat
1 EL Weißwein
1 l Fischfond (siehe Grundrezepte Seite 189)
Salz
Cayennepfeffer

Zum Anrichten
12 Rote sizilianische Garnelen, küchenfertig
Salz
Cayennepfeffer
Olivenöl

Zubereitung

Passierte Kastanien mit Eigelb und Sahne verrühren. Salzen und bereitstellen.
Garnelenschalen gut wässern und trocken tupfen. Butter und Olivenöl erhitzen und Garnelenschalen darin anrösten. Wurzelgemüse, Knoblauch und Tomaten dazugeben und mitrösten lassen. Mit Cognac, Noilly Prat und Weißwein ablöschen. Flüssigkeit verdampfen lassen und mit Fischfond auffüllen. 30 Minuten köcheln lassen, durch ein Haarsieb seihen und Flüssigkeit mit dem Schneidstab aufschäumen.

Fertigstellung

Nudelteig dünn ausrollen und in 8 x 8 cm große Quadrate schneiden. Füllung in die Mitte der Quadrate geben, Teigränder mit Wasser bestreichen und so über die Füllung klappen, dass sie in der Mitte zusammentreffen. Tortelloni in Salzwasser 5 Minuten kochen lassen.
Garnelen mit Salz und Cayennepfeffer würzen und ganz kurz in Olivenöl braten.
Teigtaschen mit den gebratenen Garnelen auf Tellern anrichten und mit Garnelenschaum garnieren.

Tipps

› Statt der sizilianischen Garnele können Sie auch andere Garnelen verwenden.
› Fragen Sie Ihren Fischhändler nach Garnelenschalen oder verwenden Sie die aus den Schalen gelösten Garnelen für andere Gerichte.

Kürbisrisotto mit Lupinenkaffee und Kapuzinerkresse

Zutaten (für 4 Personen)

Für den geschmorten Kürbis
1 kg Kürbis
1 TL getrockneter Rosmarin
2 Knoblauchzehen
Salz, Pfeffer

Für den Kürbisfond
2 l Wasser
40 g Parmesan, Rinde
3 Lorbeerblätter

Für das Kapuzinerkressegelee
100 g Kapuzinerkresseblätter
2½ Blatt Gelatine
30 ml warmer Gemüsefond (siehe Grundrezepte S. 190)
Salz, Pfeffer

Für den Risotto
280 g Carnaroli-Reis
Olivenöl
3 EL Weißwein
1 l Kürbisfond
200 g geschmorter Kürbis
80 g Parmesan, fein gerieben
80 g Butter
Salz, Pfeffer

Zum Anrichten
1 Knollige Kapuzinerkresse, in dünne Scheiben geschnitten
20 g Lupinenkaffee

Zubereitung

Kürbis samt Schale in große Stücke schneiden, salzen, pfeffern und mit Rosmarin und Knoblauch auf ein Backblech legen. Mit Alufolie abdecken und im vorgeheizten Backofen bei 180 Grad 1½ Stunden garen.
Kürbisfleisch von der Schale lösen und durch ein Sieb streichen. Beiseitestellen.
Die Schalen für den Kürbisfond mit Wasser, Parmesanrinde und Lorbeer aufkochen und 30 Minuten köcheln lassen. Durch ein Sieb seihen.
Kapuzinerkresseblätter kurz blanchieren, in Eiswasser abschrecken, darin auskühlen lassen und im Mixer fein pürieren. Gelatine in kaltem Wasser einweichen, gut ausdrücken, im warmen Gemüsefond auflösen und unter das Kapuzinerkressepüree rühren. Mit Salz und Pfeffer würzen, in einen Spritzbeutel füllen und im Kühlschrank gelieren lassen.
Reis im Topf 2–3 Minuten trocken toasten (darf nicht braun werden). Mit Weißwein ablöschen und mit Kürbisfond aufgießen, sodass der Reis bedeckt ist. Wenn die Flüssigkeit verdampft ist, erneut aufgießen. Unter ständigem Rühren ungefähr 15–18 Minuten kochen lassen. Vom Herd nehmen, den geschmorten Kürbis unterrühren und mit Parmesan, Butter, Salz und Pfeffer abschmecken.

Fertigstellung

Risotto auf Teller geben. Kapuzinerkressegelee als Punkte auf das Risotto spritzen. Mit Lupinenkaffee und Knolliger Kapuzinerkresse garnieren.

Cannelloni mit Bio-Gänseleber und gebratenen Steinpilzen

Zutaten (für 4 Personen)

Für die Cannelloni
200 g Bio-Gänseleber
Salz
350 g Nudelteig (siehe Grundrezepte Seite 190)

Zum Anrichten
100 g Steinpilze
Olivenöl
Salz
Frisee
Pilzschaum (siehe Grundrezepte S. 190)

Zubereitung

Gänseleber putzen, enthäuten, in 1 cm breite und 7 cm lange Streifen schneiden und salzen.
Nudelteig dünn ausrollen und in Rechtecke (11 x 6 cm) schneiden. Gänseleber in die Mitte der Rechtecke geben, Teigränder mit Wasser bestreichen und einrollen. Auf beiden Seiten gut zusammendrücken.

Fertigstellung

Cannelloni in Salzwasser 3 Minuten kochen lassen. Steinpilze putzen, vierteln, in Olivenöl dünsten und salzen. Cannelloni dazugeben und kurz schwenken.
Cannelloni und gebratene Steinpilze auf Tellern anrichten.
Mit Pilzschaum und Frisee garnieren.

Kabeljau mit Herbstpfifferlingen, Schüttelbrot und Speck

Zutaten (für 4 Personen)

600 g Kabeljaufilet, küchenfertig
Salz
Cayennepfeffer
Olivenöl
50 g Schüttelbrotbrösel
Butter
25 g Speck, in feine Streifen geschnitten
30 g Frühlingszwiebeln
100 g Herbstpfifferlinge, geputzt
Pfeffer
400 ml Fischfond (siehe Grundrezepte Seite 189)
Etwas unbehandelte Orangenschale
50 g Tomaten
3 Basilikumblätter
1 Knoblauchzehe
½ Peperoncino

Zubereitung

Kabeljaufilet portionieren und mit Salz und Cayennepfeffer würzen. Olivenöl in einer Pfanne erhitzen und Fisch auf der Hautseite darin anbraten. Herausnehmen und mit der Fleischseite auf ein Stück Alufolie legen. Im vorgeheizten Backofen bei 200 Grad 5 Minuten garen.
Schüttelbrotbrösel in Butter anrösten und Speck auslassen. Frühlingszwiebeln putzen und in Ringe schneiden. Herbstpfifferlinge in Olivenöl dünsten. Schüttelbrot, Speck und Frühlingszwiebeln zu den Pilzen geben und mit Salz und Pfeffer abschmecken.
Fischfond mit Orangenschale, Tomaten, Basilikum, Knoblauch und Peperoncino auf die Hälfte einkochen. Durch ein Sieb seihen und mit Salz würzen.

Fertigstellung

Kabeljau in tiefe Teller setzen. Herbstpfifferlinge, Schüttelbrot und Speck darauf anrichten und Fischfond angießen.

Lasagnette mit Steinbutt, Steinpilzen und Melanzane

Zutaten (für 4 Personen)

Für die Lasagnette
1 Melanzane
Weizenmehl
200 ml Sonnenblumenöl
100 g Steinpilze
Olivenöl
400 g Steinbutt
Salz
25 g weiche Butter

Für den Weißweinschaum
2 Schalotten
250 ml Fischfond (siehe Grundrezepte Seite 189)
50 ml Weißwein
50 ml Sahne
25 g Butter
Salz

Zum Anrichten
Wilder Rucola (Wilde Rauke [*Diplotaxis tenuifolia*])

Zubereitung

Melanzane waschen und in hauchdünne Scheiben schneiden. In Mehl wenden und im 160 Grad heißen Sonnenblumenöl goldgelb frittieren. Herausnehmen und auf Küchenkrepp abtropfen lassen und salzen.
Steinpilze putzen, in dünne Scheiben schneiden, salzen und in Olivenöl auf beiden Seiten braten.
Steinbutt ebenfalls in dünne Scheiben schneiden und auf ein mit Backpapier ausgelegtes Backblech legen. Salzen und mit weicher Butter belegen. Im vorgeheizten Backofen bei 150 Grad 4–6 Minuten (je nach Dicke der Scheiben) garen.
Schalotten schälen, in feine Würfel schneiden und in Butter farblos anschwitzen. Mit Weißwein ablöschen und Flüssigkeit einkochen lassen. Mit Fischfond und Sahne auffüllen, salzen und 10 Minuten köcheln lassen. Im Mixer fein mixen, durch ein Sieb seihen und mit dem Schneidstab aufschäumen.

Fertigstellung

Steinbutt abwechselnd mit Melanzane und Steinpilzen auf Teller schichten. Mit Weißweinschaum und Rucola garnieren.

Gebackene Kutteln im Curryfond

Zutaten (für 4 Personen)

Für die gebackenen Kutteln
1 kg Kutteln, küchenfertig
200 g Wurzelgemüse (Karotte, Lauch, Zwiebel, Sellerieknolle), grob zerkleinert
Weizenmehl
1 Ei, verquirlt
Panko-Mehl
500 ml Sonnenblumenöl

Für den Curryfond
2 kleine Schalotten
Olivenöl
150 g Fenchel
80 g Äpfel, klein geschnitten
2 EL Weißwein
300 ml Gemüsefond (siehe Grundrezepte Seite 190)
5 g Currypulver (Mischung aus dem fairen Handel)
2 g Kurkuma, gemahlen
Salz
Pfeffer
1 Kartoffel

Zum Anrichten
Babyspinat

Zubereitung

Kutteln waschen und mit Wasser aufkochen lassen. Wasser abgießen und mit frischem Wasser erneut zum Kochen bringen. Wurzelgemüse dazugeben und 2 Stunden kochen. Im Kochwasser auskühlen lassen und Kutteln in 1 cm breite Streifen schneiden.
In Mehl wenden, durch das verquirlte Ei ziehen und mit Panko-Mehl panieren. Im 180 Grad heißen Sonnenblumenöl goldgelb frittieren, herausnehmen und auf Küchenkrepp abtropfen lassen.

Schalotten in feine Würfel schneiden, in Olivenöl farblos anschwitzen, Fenchel, Äpfel, Currypulver und Kurkuma dazugeben. Mit Weißwein ablöschen und mit Gemüsefond aufgießen. Kartoffel schälen, reiben und zum Curryfond geben. Salzen und 30 Minuten köcheln lassen. Durch ein feines Sieb passieren.

Fertigstellung

Curryfond auf tiefe Teller verteilen, Kutteln darin anrichten und mit Babyspinat garnieren.

Hirschrücken mit Selleriepüree und Kornelkirschen

Zutaten (für 4 Personen)

Für den Hirschrücken
600 g Hirschrücken (ohne Knochen), pariert
Salz
1 TL Wildgewürz (siehe Grundrezepte Seite 191)
Olivenöl
150 ml Wildfond (siehe Grundrezepte Seite 189)
2 EL Kornelkirschensaft

Für das Selleriepüree
800 g Sellerieknolle
100 ml Sahne
1 Spritzer Zitronensaft
Salz

Für die Kornelkirschen
10 g Zucker
150 g eingelegte Kornelkirschen (siehe Tipp)
30 ml Rotwein

Zum Anrichten
30 g gepuffte Hirse (siehe Tipp)
6–7 Kakaobohnen (aus dem Bio-Laden)
Petersilienblättchen

Zubereitung

Hirschrücken mit Salz und Wildgewürz würzen, in Olivenöl auf beiden Seiten anbraten und im vorgeheizten Backofen bei 200 Grad 8–10 Minuten garen. Herausnehmen, in Alufolie wickeln und bei 80 Grad ruhen lassen. Bratensatz mit Wildfond und Kornelkirschensaft aufkochen und auf die gewünschte Konsistenz reduzieren.
Sellerie schälen, in grobe Würfel schneiden und 10 Minuten in Salzwasser kochen lassen. Abgießen und Kochwasser auffangen. Sellerie wieder in einen Topf geben und mit Sahne so lange köcheln lassen, bis er weich ist. Mit Zitronensaft im Mixer fein pürieren, eventuell etwas Kochwasser dazugeben und salzen.
Zucker in einem Topf mit schwerem Boden leicht karamellisieren lassen. Kornelkirschen zugeben und mit Rotwein ablöschen. 10 Minuten köcheln lassen.

Fertigstellung

Kakaobohnen in einer Pfanne ohne Fett rösten, auskühlen lassen, schälen und hacken.
Hirschrücken in dünne Scheiben schneiden. Selleriepüree als Tupfen auf die Teller geben. Fleisch daneben anrichten. Mit Kornelkirschen, Sauce, gepuffter Hirse, Kakaobohnen und Petersilienblättchen garnieren.

Tipps

› Statt Kornelkirschen können Sie auch Sauerkirschen verwenden.
› Zum Einlegen der Kornelkirschen werden 300 ml Rotwein, 300 ml Wasser, 5 Pfefferkörner, etwas Zimtstange, 2–3 Nelken und 1 EL Zucker aufgekocht. Flüssigkeit durch ein Sieb in einen anderen Topf gießen und 1 kg Kirschen zugeben. Aufkochen, in Gläser füllen und im Backofen einwecken. Die Kirschen halten sich etwa 1 Jahr im kühlen Keller.
› Hirse in Salzwasser weich kochen, abgießen und auf Küchenkrepp abtropfen lassen. Hirsebrei auf Backpapier bröseln und 12 Stunden (am besten über Nacht) bei 50 Grad im Backofen trocknen lassen. Getrocknete Hirsebröckchen ein paar Sekunden bei 220 Grad in Sonnenblumenöl frittieren. Das Fett muss sehr heiß sein und die Hirse sollte wirklich nur ein paar Sekunden frittiert werden. Sie verbrennt sehr schnell.

Im Ganzen gebratene Ente mit Kichererbsenpolenta, Grünkohl und Mispelpüree

Zutaten (für 4 Personen)

Für die Ente
1 Ente (etwa 1,5 kg)
Salz
Olivenöl
200 g Wurzelgemüse (Sellerieknolle, Karotten, Zwiebeln)
Pfeffer
100 g Äpfel, klein geschnitten
5 g Tomatenmark
50 ml Weißwein
1 l Kalbsfond (siehe Grundrezepte Seite 189)
½ TL Pfefferkörner
Maisstärke

Für die Kichererbsenpolenta
100 g Kichererbsenmehl
300 ml Wasser
Salz
Sonnenblumenöl

Zum Anrichten
10 Mispeln
Honig
2 getrocknete Grünkohlblätter (siehe Tipp)
Salz

Zubereitung

Ente
Von der Ente Hals und die Flügel abhacken und für die Sauce beiseitestellen. Federkielreste mit einer Pinzette entfernen. Ente innen und außen salzen und in einen Bräter legen. Im vorgeheizten Backofen bei 170 Grad 1¾ Stunden braten.
Hals und Flügel in Olivenöl anbraten, Wurzelgemüse, Äpfel und Tomatenmark zugeben. Mit Weißwein ablöschen und Flüssigkeit einkochen lassen. Mit Kalbsfond aufgießen, Pfefferkörner zufügen und bei schwacher Hitze etwa 1 Stunde köcheln lassen. Durch ein feines Sieb passieren und auf die gewünschte Konsistenz einkochen. Eventuell mit Maisstärke binden.

Kichererbsenpolenta
Wasser aufkochen und Kichererbsenmehl mit einem Schneebesen einrühren, sodass keine Klumpen entstehen. Mit Salz abschmecken und 15 Minuten kochen lassen. Kichererbsenpolenta auf Backpapier streichen, auskühlen lassen und in Rechtecke (3 x 1 cm) schneiden. Im 160 Grad heißen Sonnenblumenöl goldgelb frittieren. Herausnehmen und auf Küchenkrepp entfetten lassen.

Fertigstellung

Mispeln waschen, durch ein Sieb streichen und in einem Topf lauwarm erwärmen. Wenn das Püree zu sauer sein sollte, mit Honig süßen.
Ente portionieren und mit Kichererbsenpolenta auf Tellern anrichten.
Mit Mispelpüree und frittiertem Grünkohl garnieren.

Tipp

› Grünkohlblätter in mundgerechte Stücke teilen, mit Sherry-Essig, Olivenöl, Salz und Pfeffer marinieren und im Backofen bei 50 Grad 8 Stunden trocknen lassen.

Cannoli mit Kastanienmousse und Apfel-Kastanien-Eis

Zutaten (für 4 Personen)

Für die Kastanienmousse
125 g gekochte Kastanien
175 ml Sahne
65 g Zucker
1 Ei
25 g weiße Kuvertüre
1 Blatt Gelatine

Für die Cannoli
100 ml Wasser
100 g brauner Zucker
100 g Mandeln, gerieben
80 g Weizenmehl
100 g Kristallzucker
30 g Glukose
1 Vanilleschote
100 g weiche Butter

Für das Apfel-Kastanien-Eis
400 ml Milch
100 ml Sahne
5 Eigelb
120 g Zucker
200 g Äpfel
200 g gekochte Kastanien, passiert

Zum Anrichten
150 g sehr reife Kaki
1 EL Whiskey
20 g Staubzucker
Heller Crumble (siehe Seite 191)
1 Kaki, geschält und geviertelt
4 Kastanien, geschält und in Scheiben geschnitten

Zubereitung

Kastanienmousse
Kastanien, 100 ml Sahne und 40 g Zucker in einen Topf geben, 10 Minuten kochen lassen und durch ein Sieb streichen. Ei mit 25 g Zucker verrühren und über dem Wasserbad zur Rose abziehen. Weiße Kuvertüre über dem Wasserbad schmelzen lassen und zusammen mit den passierten Kastanien unter die Ei-Zucker-Masse rühren. Gelatine in Wasser einweichen, gut ausdrücken und in der Masse auflösen. Die restliche Sahne steif schlagen. Wenn die Masse anzieht, Sahne unterheben und alles in einen Spritzbeutel füllen. Im Kühlschrank fest werden lassen.

Cannoli
Wasser mit braunem Zucker aufkochen. Mandeln, Mehl, Kristallzucker und Glukose unterrühren. Vanilleschote aufschlitzen und Mark herauskratzen. Butter schaumig schlagen und mit dem Vanillemark unter die Masse rühren, im Kühlschrank 12 Stunden (am besten über Nacht) ruhen lassen.
Aus Pappe oder dickem Kunststoff eine rechteckige Schablone (10 x 6 cm) ausschneiden. Die Schablone auf eine Silpat-Matte legen. Etwas Teig in die Mitte setzen und mithilfe einer Teigpalette so verstreichen, dass die Schablone ausgefüllt ist. Schablone vorsichtig abheben und Vorgang wiederholen, bis die Masse verbraucht ist. Im vorgeheizten Backofen bei 180 Grad 8–10 Minuten backen. (Die Hippen sollten hellbraun sein.) Sofort (sonst zerbrechen sie) über ein Rundholz zu Hohlhippen formen und auskühlen lassen.

Apfel-Kastanien-Eis
Milch und Sahne aufkochen. Eigelb mit 100 g Zucker verrühren, Milch-Sahne-Mischung dazugeben und über dem Wasserbad zur Rose abziehen. Äpfel schälen, entkernen, grob zerkleinern und mit dem restlichen Zucker karamellisieren. Zusammen mit den passierten Kastanien zur Ei-Milch-Masse geben. Auskühlen lassen, im Mixer fein pürieren und in der Eismaschine gefrieren lassen.

Fertigstellung

Kaki durch ein Sieb streichen und mit Whisky und Staubzucker verrühren. Kastanienmousse in die Hohlhippen spritzen.
Cannoli auf Teller setzen. Je eine Nocke Apfel-Kastanien-Eis auf Crumble daneben anrichten. Mit Kakisauce, Kakivierteln und Kastanien garnieren.

Dessert von dunkler Schokolade und Preiselbeeren

Zutaten (für 4 Personen)

Für die Ganache
45 g Preiselbeeren
13 ml Preiselbeersaft (vom Preiselbeerkompott, siehe Grundrezepte Seite 191)
4 ml Zitronensaft
25 ml Wasser
8 g Zucker
85 g Schokolade (70 %)
11 ml Olivenöl
60 g weiche Butter
60 g getrocknete Preiselbeeren (siehe Grundrezepte Seite 191), fein gehackt

Für das Sorbet
300 g Preiselbeerkompott (siehe Grundrezepte Seite 191)
50 ml Läuterzucker (siehe Tipp Seite 58)

Zum Anrichten
100 ml Schwarzer Johannisbeersaft
Heller Crumble (siehe Grundrezepte S. 191)
Minze

Zubereitung

Ganache
Preiselbeeren, -saft, Zitronensaft, Wasser und Zucker aufkochen und im Mixer fein mixen. Schokolade hacken und das noch heiße Preiselbeer-Zucker-Gemisch darübergießen. So lange rühren, bis die Schokolade geschmolzen ist. Schokoladenmasse auf 40 Grad abkühlen lassen. Olivenöl langsam einrühren und Butter gut einarbeiten. Vollständig auskühlen lassen. Ganache in unregelmäßige Stücke teilen. Getrocknete Preiselbeeren im Mörser zerkleinern und Ganachestücke darin wälzen. Einige kleine Stücke zum Anrichten beiseitestellen.

Sorbet
Preiselbeerkompott mit Läuterzucker im Mixer pürieren. Durch ein Sieb gießen und in der Eismaschine gefrieren lassen.

Fertigstellung

Vom Johannisbeersaft 1–2 EL abnehmen und dicklich einkochen. Den Rest mit einem Schneidstab aufschäumen.
Etwas Crumble auf den Teller geben. Ganache daraufsetzen und Sorbet daneben anrichten. Mit Johannisbeerschaum, -saft, Minze und Ganachestückchen garnieren.

Mohnkrapfen mit Zwetschgen

Zutaten (für 4 Personen)

Für den Krapfenteig
125 g weiche Bio-Margarine
1 Ei
250 ml lauwarme Milch
500 g Weizenmehl
12 g Salz

Für die Mohnfüllung
100 ml Milch
300 g Mohn
80 g Staubzucker
½ TL Vanillezucker
20 g Zimt
50 g Marillenmarmelade

Für die Zwetschgen
150 g Zwetschgen
30 g Zucker
1 EL Zwetschgenschnaps

Zum Anrichten
500 ml Sonnenblumenöl
Staubzucker

Zubereitung

Margarine, Ei, Milch, Mehl und Salz zu einem Teig verarbeiten. Den Teig so lange kneten, bis er Blasen wirft. 30 Minuten zugedeckt ruhen lassen.
Milch, Mohn, Staubzucker und Vanillezucker unter ständigem Rühren 15 Minuten kochen und auskühlen lassen. Zimt und Marillenmarmelade unterrühren.
Zwetschgen waschen, entsteinen und vierteln. Zucker karamellisieren, Zwetschgen zufügen, mit Zwetschgenschnaps ablöschen und 15 Minuten zugedeckt schmoren.

Fertigstellung

Krapfenteig mit der Nudelmaschine dünn ausrollen und in 7 x 5 cm große Rechtecke schneiden. Etwas Mohnfüllung in die Mitte des Teigblattes setzen und zusammenklappen. Teigränder festdrücken und mit einem gezackten Teigrad abradeln. Krapfen schwimmend im 180 Grad heißen Sonnenblumenöl goldgelb ausbacken. Herausnehmen und auf Küchenkrepp abtropfen lassen.
Krapfen zusammen mit den Zwetschgen auf einem Holzbrett anrichten. Mit Staubzucker bestreuen.

Tipps

› Die Margarine für den Krapfenteig sollte Zimmertemperatur haben.
› Vanillezucker können Sie gut selbst herstellen. Legen Sie dazu die ausgekratzten Vanilleschoten in ein Schraubglas mit Zucker und lassen alles gut durchziehen. Anschließend im Mixer fein mixen. Der Vanillezucker hält sich luftdicht verschlossen einige Monate.

Schokoladensphäre mit Quitten-Mascarpone-Füllung und Quittensorbet

Zutaten (für 4 Personen)

Für das Quittenkompott und -sorbet
500 ml Weißwein
500 ml Wasser
½ Bio-Zitrone, Saft und Schale abgerieben
150 g Zucker
10 g Zimtstange
1 Vanilleschote
1 kg Quitten
1 Blatt Gelatine, eingeweicht

Für die Mascarponemousse
50 g Zucker
17 ml Wasser
1 Eigelb
125 g Mascarpone
1 TL Quittenschnaps
75 ml Sahne

Zum Anrichten
300 g Schokolade (70 %)
200 g Kakaobutter
Heller Crumble (siehe Grundrezepte Seite 191)

Zubereitung

Quittenkompott und -sorbet
Weißwein, Wasser, Zucker, Zimt, Zitrone und die aufgeschlitzte, ausgekratzte Vanilleschote 30 Minuten kochen und abseihen. Quitten schälen, entkernen und in Würfel schneiden. Mit der Weißwein-Zucker-Mischung aufkochen, 10 Minuten köcheln und dann in der Flüssigkeit auskühlen lassen.
Die Hälfte des Quittenkompotts im Mixer fein pürieren, in die Eismaschine geben und gefrieren lassen.
Vom restlichen Quittenkompott ein paar Esslöffel zum Anrichten beiseitestellen. Gelatine in Wasser einweichen. Das übrige Quittenkompott erwärmen, Gelatine gut ausdrücken und darin auflösen. In mittelgroße Silpat-Halbkugelformen (Ø 6 cm) füllen, glatt streichen und gefrieren lassen.

Marscarponemousse
Zucker mit Wasser auf 120 Grad aufkochen (bis der Zucker Fäden zieht). Eigelb in eine Metallschüssel geben und Zucker-Wasser-Gemisch langsam zufügen. Mit dem Handrührgerät kalt schlagen, Mascarpone und Quittenschnaps unterrühren. Sahne halbsteif schlagen und unterheben.
Mascarponemousse in Silpat-Halbkugelformen (Ø 6 cm) füllen, glatt streichen und gefrieren lassen.

Fertigstellung

Jeweils eine Quitten- und eine Mascarpone-Halbkugel bündig zusammenlegen. Einen Holzspieß hineinstechen (damit sie nicht auseinanderfallen) und die Kugeln wieder ins Gefrierfach stellen.
Schokolade mit Kakaobutter über dem Wasserbad vorsichtig schmelzen lassen. Auf 30 Grad temperieren und die Kugeln hineintauchen. Schokolade fest werden lassen und Holzspieß entfernen. Das Loch mit Schokolade verschließen.
Schokoladensphäre auf einem Crumble-Sockel anrichten. Eine Nocke Quittensorbet danebensetzen. Mit Quittenkompott und Minze garnieren.

Tipps

- Die Halbkugeln müssen wirklich eine plane Oberfläche haben, sonst halten sie nicht zusammen.
- Die übrig gebliebene Schokoladenmasse hält sich luftdicht verschlossen im Kühlschrank ein paar Wochen und kann z. B. für die Zitronenthymianpraline verwendet werden (siehe Seite 180).

Winter

Jakobsmuscheln mit vanilliertem Kartoffelschaum

Zutaten (für 4 Personen)

450 g Kartoffeln
150 ml Sahne
Salz
12 Jakobsmuscheln
Vanillesalz (Fleur de Sel mit Vanille)

Zubereitung

Kartoffeln schälen, klein schneiden und in Salzwasser kochen. Abseihen und Kochwasser auffangen.
40 g Kartoffeln mit 250 ml Kartoffelkochwasser, 40 ml Sahne und Vanillesalz mixen und warm halten.
Die restlichen Kartoffeln durch ein Sieb passieren, mit der übrigen Sahne zu einem cremigen Püree verrühren, mit Salz abschmecken.
Jakobsmuscheln aus den Schalen lösen, Corail entfernen und Muscheln in ca. 3–4 mm dicke Scheiben schneiden. Auf einen Teller legen, mit Klarsichtfolie abdecken und über dem Wasserbad leicht erwärmen.

Fertigstellung

Kartoffelpüree in kleine Schüsseln füllen und Jakobsmuscheln darauflegen.
Kartoffelschaum mit einem Schneidstab aufschäumen und über die Jakobsmuscheln gießen.
Mit Vanillesalz bestreuen.

Saibling mit Artischocken und Kräutercreme

Zutaten (für 4 Personen)

Für den Saibling
1 Saibling (1 kg), küchenfertig
50 ml Kräuteröl (siehe Grundrezepte Seite 191)
Salz
Cayennepfeffer

Für die Kräutercreme
2 Eigelb
125 ml Olivenöl
125 ml Sonnenblumenöl
1 EL Kerbelblättchen
1 TL Korianderblätter
1 TL Dill
2 EL Petersilienblätter
Salz
Zitronensaft

Für die Artischocken
2 große Artischocken
½ Bio-Zitrone, Saft
1 Schalotte
Olivenöl
80 ml Weißwein
200 ml Gemüsefond (siehe Grundrezepte Seite 190)
1 Knoblauchzehe
1 Msp. Peperoncino
1 Thymianzweig

Zum Anrichten
Eichblatt (hell und dunkel)
Sherry-Essig
Olivenöl
Salz
10 g getrocknete Kapern (siehe Seite 191), zerkleinert

Zubereitung

Saibling filetieren, entgräten und portionieren. Mit Kräuteröl begießen und 12 Stunden im Kühlschrank marinieren lassen. Mit Salz und Cayennepfeffer würzen.
Für die Kräutercreme Eigelb mit Oliven- und Sonnenblumenöl zu einer Mayonnaise verrühren. Kerbel-, Koriander-, Dill- und Petersilienblättchen 2 Minuten in Salzwasser blanchieren und sofort in Eiswasser abschrecken, gut ausdrücken und mit der Mayonnaise mixen. Mit Salz und Zitronensaft abschmecken.
Von den Artischocken die harten Blätter entfernen und das obere Drittel abschneiden. Das „Heu" herauskratzen und den Stiel schälen. Artischocken vierteln und in Zitronenwasser legen, damit sie nicht braun werden.
Schalotte schälen, vierteln und in Olivenöl farblos anschwitzen. Mit Weißwein ablöschen und Flüssigkeit einkochen lassen. Mit Gemüsefond auffüllen, Knoblauch, Peperoncino, Thymian und Salz zugeben und 10 Minuten kochen lassen. Artischockenviertel in diesem Sud 10 Minuten garen. Herausnehmen, auf Küchenkrepp abtropfen und auskühlen lassen.

Fertigstellung

Saibling zusammen mit dem Kräuteröl in eine kleine Auflaufform geben und im Dampfgarer bei 55 Grad 3–5 Minuten garen.
Eichblatt mit Sherry-Essig, Olivenöl und Salz marinieren.
Kräutercreme dünn auf die Teller streichen. Saibling und Artischocken darauf anrichten und mit Eichblatt und zerkleinerten Kapern garnieren.

Cannoli mit Graukäse-Fonduta auf Kastanien-Birnen-Salat

Zutaten (für 4 Personen)

Für die Graukäse-Fonduta
25 g Weizenmehl
25 g Butter
150 ml Milch
60 ml Sahne
150 g Graukäse
½ EL Parmesan, gerieben
Salz, Pfeffer
1 Msp. Muskatnuss
1 TL Eigelb

Zum Anrichten
8 Blätter Filoteig (10 x 10 cm)
500 ml Sonnenblumenöl
Verschiedene Kräutersalate
Olivenöl
Sherry-Essig
Salz
½ Granatapfel
1 Birne
10 Kastanien ohne Schale
2 getrocknete Birnen (siehe Grundrezepte Seite 191)

Zubereitung

Mehl in Butter anschwitzen, Milch und Sahne dazugeben und 15 Minuten unter Rühren kochen. Graukäse in Würfel schneiden, zusammen mit dem Parmesan zum Mehl-Sahne-Gemisch geben und unter Rühren schmelzen lassen. Mit Salz, Pfeffer und Muskatnuss würzen. Etwas auskühlen lassen und Eigelb unterrühren. Masse etwa 1 cm dick auf Klarsichtfolie streichen und vollständig auskühlen lassen. Fonduta in 1,5 cm breite und 5 cm lange Stifte schneiden. Auf die Filoteigblätter legen, Teigränder mit Wasser bestreichen, links und rechts einschlagen und aufrollen. Im 180 Grad heißen Sonnenblumenöl goldgelb ausbacken. Herausnehmen und auf Küchenkrepp entfetten lassen.

Fertigstellung

Kräutersalate waschen und mit Olivenöl, Sherry-Essig und Salz marinieren. Granatapfelkerne auslösen, Birne (mit Schale) entkernen und in dünne Streifen schneiden. Zusammen mit den Kastanien zum Salat geben.
Cannoli mit Kastanien-Birnen-Salat auf Tellern anrichten.
Mit Granatapfelkernen und getrockneten Birnen garnieren.

Zweierlei Tatar im Schüttelbrotmantel mit Kren- und Senfmayonnaise

Zutaten (für 4 Personen)

Für die Marinade
30 g Schalotten
50 g Essiggurken
30 g Kapern
30 g Senf
100 g Ketchup
50 ml Olivenöl
Salz, Cayennepfeffer

Für das Rohnen- und Rindstatar
400 g Rohnen
Salz, Cayennepfeffer
300 g Rindsnuss, pariert
Weizenmehl
1 Ei, verquirlt
200 g Schüttelbrotbrösel
500 ml Sonnenblumenöl

Für die Krenmayonnaise
25 ml Milch
20 g Sauerrahm
40 ml mildes Olivenöl
35 ml Sonnenblumenöl
15 g Kren
Salz

Für die Senfmayonnaise
1 Eigelb
100 ml Sonnenblumenöl
1 EL Pommery-Senf
½ TL süßer Senf
½ TL Dijon-Senf
Salz, Pfeffer, 1 TL Sherry-Essig

Zum Anrichten
2 Mini-Rohnen mit Grün
2 Kartoffeln
Verschiedene Wildkräuter
Sherry-Essig, Olivenöl, Salz
4 EL eingelegte Pfifferlinge (S. 191)

Zubereitung

Marinade
Schalotten schälen und fein hacken. Essiggurken und Kapern ebenfalls fein hacken, mit Senf, Ketchup und Olivenöl verrühren. Salzen und mit Cayennepfeffer würzen.

Rohnen- und Rindstatar
Rohnen waschen, in eine mit grobem Meersalz gefüllte Auflaufform setzen, abdecken und 2–3 Stunden im Backofen bei 160 Grad garen. Schälen, grob zerkleinern und in einem Sieb einige Stunden abtropfen lassen. Rohnen mit der Hälfte der Marinade vermischen und mit Salz und Cayennepfeffer würzen. Aus dem Rohnentatar Kugeln (à 80 g) formen.
Rindsnuss erst in dünne Scheiben, dann in kleine Würfel schneiden. Mit der restlichen Marinade vermischen und mit Salz und Cayennepfeffer würzen. Aus dem Rindstatar Kugeln (à 60 g) formen.
Rohnen- und Rindstatarkugeln in Mehl wenden und durch das verquirlte Ei ziehen. Mit Schüttelbrotbröseln (oder Schwarzbrotbröseln) zweimal panieren. Rindstatar im 180–200 Grad heißen Sonnenblumenöl knusprig ausbacken, das Tatar soll dabei innen roh bleiben. Das Rohnentatar bei 160 Grad frittieren. Beides auf Küchenkrepp entfetten lassen.

Krenmayonnaise
Milch und Sauerrahm verrühren. Oliven- und Sonnenblumenöl mit einem Schneidstab einarbeiten. Mit Kren und Salz abschmecken.

Senfmayonnaise
Eigelb und Sonnenblumenöl mit dem Schneidstab zu einer Mayonnaise verrühren. Die verschiedenen Senfsorten unterrühren und mit Salz, Pfeffer und Sherry-Essig würzen.

Fertigstellung

Mini-Rohnen mit dem Grün gut waschen, halbieren und in Salzwasser weich kochen. Kartoffeln waschen, schälen und in dünne Scheiben schneiden.
In lauwarmes Wasser legen, herausnehmen, gut abtrocknen und in Sonnenblumenöl goldgelb frittieren. Auf Küchenkrepp abtropfen lassen.
Wildkräuter waschen, trocken tupfen und mit Sherry-Essig, Olivenöl und Salz marinieren. Rohnentatar mit Krenmayonnaise und Rindstatar mit Senfmayonnaise auf dem Teller anrichten. Mit Wildkräutersalat, Rohnen, Kartoffelchips und eingelegten Pfifferlingen garnieren.

Jakobsmuscheln mit Topinambur

Zutaten (für 4 Personen)

1 kg Topinambur
1 Schalotte
Olivenöl
3 EL Weißwein
200 ml Gemüsefond (siehe Grundrezepte Seite 191)
Salz, Pfeffer
500 ml Sonnenblumenöl
12 Jakobsmuscheln

Zum Anrichten
Verschiedene Wildkräuter
Sherry-Essig
Olivenöl
Salz
40 g Südtiroler Speck

Zubereitung

Topinambur waschen und schälen. 2 große Topinambur in dünne Scheiben schneiden und beiseitestellen. Vom Rest die eine Hälfte fein würfeln, in Salzwasser blanchieren, herausnehmen und bis zum Anrichten ebenfalls beiseitestellen.
Die andere Hälfte grob zerkleinern. Schalotte schälen, vierteln und in Olivenöl farblos anschwitzen. Die zerkleinerten Topinambur dazugeben und mitdünsten. Mit Weißwein ablöschen und mit Gemüsefond auffüllen. So lange kochen lassen, bis die Flüssigkeit verdampft ist. Im Mixer fein pürieren, salzen und pfeffern.
Topinamburscheiben im 160 Grad heißen Sonnenblumenöl goldgelb frittieren und auf Küchenkrepp entfetten.
Jakobsmuscheln aus der Schale lösen, waschen und den Corail entfernen. Salzen und in Olivenöl auf beiden Seiten kurz anbraten.

Fertigstellung

Die beiseitegestellten Topinamburwürfel mit Sherry-Essig, Olivenöl und Salz verrühren. Speck in feine Streifen schneiden und untermischen. Wildkräuter ebenfalls mit Sherry-Essig, Olivenöl und Salz marinieren.
Topinamburpüree auf Teller geben, Jakobsmuscheln darauf anrichten und mit Topinamburchips, Speck-Topinambur-Salat und Wildkräutern garnieren.

Tipp

› Der Speck sollte nicht zu mager sein, sondern einen Fettrand haben. Nur wenn der Speck wirklich gut luftgetrocknet ist, lässt er sich ganz fein aufschneiden.

Blumenkohlsuppe mit Zitrusfrüchten, Kapern und Koriander

Zutaten (für 4 Personen)

1 kg Blumenkohl
30 ml Weißwein
20 g Butter
500 ml Gemüsefond (siehe Grundrezepte Seite 190)
Salz
50 ml Sahne
20 g rote Zwiebeln
Olivenöl
½ Orange, filetiert
2 rosa Grapefruitfilets
1 TL Kapern
Korianderblätter

Zum Anrichten
Blumenkohlchips (siehe Tipp)
Korianderblätter, fein geschnitten
4 Orangenfilets
Kapern mit Stiel
Senföl (siehe Tipp)

Zubereitung

Blumenkohl putzen, waschen und in Röschen teilen. 2 Röschen beiseitestellen. Die übrigen Röschen in Salzwasser blanchieren. Weißwein und Butter einkochen lassen, Blumenkohl zufügen und mit Gemüsefond und Sahne auffüllen. Salzen und 10 Minuten kochen lassen. Im Mixer zu einer dickflüssigen Suppe pürieren.
Zwiebeln in feine Würfel schneiden und in Olivenöl farblos anschwitzen. Orangen- und Grapefruitfilets in kleine Würfel schneiden. Kapern und die bereitgestellten Blumenkohlröschen fein hacken und Korianderblätter in feine Streifen schneiden. Alles gut vermischen und salzen.

Fertigstellung

Mithilfe eines Metallrings Blumenkohl-Zitrusfrüchte-Ragout in tiefe Teller setzen. Suppe angießen und mit Blumenkohlchips, Koriander, Orangenfilets und Kapern garnieren. Mit Senföl beträufeln.

Tipps

› Für die Blumenkohlchips werden Blumenkohlröschen in dünne Scheiben geschnitten und im 180 Grad heißen Sonnenblumenöl goldgelb frittiert.
› Für das Senföl erwärmen Sie 10 g Pommery-Senf und 50 ml Olivenöl auf 50 Grad und lassen das Ganze einen Tag ziehen.

Consommé und Knödel von der Rohne

Zutaten (für 4 Personen)

Für die Consommé
4 weiße Rohnen
2 weiße Karotten
(oder weiße Rüben)
½ weißer Stangensellerie
1 weiße Zwiebel

Für die Knödel
300 g rote Rohnen, gekocht
½ TL Kümmel, gehackt
3 Eier
Salz, Pfeffer
300 g Weißbrot (2 Tage alt), in Würfel geschnitten
1 EL frischer Kren

Zum Anrichten
4 rote Mini-Rohnen, gekocht und geviertelt
2 gelbe Rohnen, gekocht und in Scheiben geschnitten
Rohnenblätter

Zubereitung

Die weißen Rohnen, Karotten und Sellerie grob zerkleinern. Zwiebel ungeschält halbieren. Alufolie in eine heiße Pfanne legen und Zwiebelhälften mit der Schnittfläche auf die Alufolie legen.
Bei mittlerer Hitze so lange rösten, bis die Schnittflächen schwarz werden. Alles mit kaltem Wasser aufsetzen und leicht salzen. Aufkochen, 1 Stunde köcheln lassen und durch ein feines Sieb passieren.
Die gekochten roten Rohnen mit Kümmel, Eiern, Salz und Pfeffer im Mixer fein pürieren. Mit Weißbrotwürfeln vermischen und die Masse 30 Minuten quellen lassen.
Mithilfe von Klarsichtfolie aus der Masse 4 längliche Knödel (6 cm dick) formen. In die Mitte eine Rille drücken, den frischen Kren hineingeben, gut verschließen und mit der Folie aufrollen.
Die Enden fest zusammenbinden und Knödel in Salzwasser 10 Minuten garen.

Anrichten

Klarsichtfolie entfernen und Knödel quer halbieren. In tiefe Teller setzen und Rohnenfond angießen. Mit roten und gelben Rohnen sowie Rohnenblättern garnieren.

Schwarzkohlknödel mit Graukäseschaum

Zutaten (für 4 Personen)

Für die Schwarzkohlknödel
300 g Weizen-Roggen-Brot (2 Tage alt; siehe Grundrezepte Seite 192)
200 g Schwarzkohlblätter
3 EL Olivenöl
50 ml Gemüsefond (siehe Grundrezepte Seite 191)
1 Zwiebel
20 g Butter
3 Eier
Salz, Pfeffer

Für den Graukäseschaum
1 EL Butter
1 EL Weizenmehl
150 ml Milch
50 g Sahne
50 g Graukäse
Salz, Pfeffer

Zum Anrichten
Grünkohlblätter
Getrocknete Grünkohlblätter (siehe Grundrezepte Seite 191)
Graukäse

Zubereitung

Brot in kleine Würfel schneiden. Schwarzkohlblätter waschen, von den Stielen zupfen, in Salzwasser blanchieren und sofort in Eiswasser abschrecken. Schwarzkohl mit Olivenöl und Gemüsefond im Mixer fein pürieren.
2 EL Schwarzkohlpüree zum Anrichten beiseitestellen. Zwiebel in feine Würfel schneiden, in Butter farblos anschwitzen und mit den Eiern zum Schwarzkohlpüree geben. Noch einmal gut durchmixen. Mit den Brotwürfeln vermischen und 1 Stunde quellen lassen. Masse mit Salz und Pfeffer würzen. Kleine Knödel formen und in Salzwasser 15 Minuten garen.
Butter schmelzen und Mehl darin anschwitzen. Unter ständigem Rühren Milch und Sahne zugeben und 15 Minuten köcheln lassen. Graukäse zerbröseln und unter Rühren in der Mehl-Milch-Mischung auflösen, salzen und pfeffern. Durch ein Sieb passieren, in eine Espuma-Flasche füllen und eine Sahnekapsel aufschrauben. Gut schütteln.

Fertigstellung

Grünkohlblätter waschen, in mundgerechte Stücke zupfen und in Salzwasser blanchieren. Sofort in Eiswasser abschrecken und auf Küchenkrepp abtropfen lassen. Graukäse in kleine Stücke brechen und mit einem Bunsenbrenner abflämmen.
Knödel auf dem Teller anrichten. Schwarzkohlpüree als Tupfen danebensetzen und Graukäse-Espuma dazwischen aufspritzen. Mit Grünkohlblättern und Graukäse garnieren.

Tipp

› Anstelle von selbst gebackenem Brot können Sie eine Mischung aus Vinschger Paarln und Weißbrot verwenden.

Roggenravioli mit flüssigem Spinat und getrocknetem Topfen

Zutaten (für 4 Personen)

Für den Nudelteig
200 g Weizenmehl
200 g Roggenmehl
4 Eigelb
105 ml Wasser

Für die Spinatfüllung
100 g Spinat
1 kleine Schalotte
5 ml Olivenöl
1½ Blatt Gelatine
20 ml Gemüsefond (siehe Grundrezepte Seite 190)
Salz, Pfeffer

Für die Topfencreme
100 g Topfen
30 ml Sahne
20 ml Olivenöl
Salz, Pfeffer

Für den getrockneten Topfen
100 g Topfen
1 Msp. Kümmel, gehackt
1 Msp. Fenchel, fein gehackt

Zum Anrichten
Braune Butter
16 kleine Babyspinatblätter

Zubereitung

Nudelteig
Weizenmehl, Roggenmehl, Eier und Wasser mit der Hand zu einem festen Teig verkneten. Teig in Klarsichtfolie wickeln und 30 Minuten bei Zimmertemperatur ruhen lassen.

Spinatfüllung
Gelatine 5 Minuten in kaltem Wasser einweichen. Spinat blanchieren und in Eiswasser abschrecken. Schalotte schälen, in kleine Würfel schneiden und in Olivenöl farblos anschwitzen. Spinat zugeben und mit Gemüsefond aufgießen. Kurz kochen lassen. Im Mixer fein pürieren. Gelatine gut ausdrücken und im Spinatpüree auflösen, salzen und pfeffern. Spinatcreme in eine kleine Halbkugelgummimatte (Ø 3 cm, à 7 g) gießen und im Kühlschrank stocken lassen.

Topfencreme
Topfen und Sahne auf 60 Grad erwärmen, Olivenöl einrühren und mit Salz und Pfeffer abschmecken.

Getrockneter Topfen
Topfen mit Kümmel und Fenchel verrühren. Masse auf eine Silpat-Matte oder ein mit Backpapier ausgelegtes Backblech geben und im vorgeheizten Backofen bei 150 Grad 30 Minuten trocknen lassen. Während des Trocknens umrühren.

Fertigstellung

Nudelteig zu dünnen Teigbahnen ausrollen. Die gefrorenen Spinathalbkugeln mit Abstand auf ein Teigblatt setzen und Teigränder mit Wasser bestreichen. Mit einem zweiten Nudelblatt abdecken, Ränder gut andrücken und mit einem Kreisausstecher (Ø 6 cm) Ravioli ausstechen. In Salzwasser 2 Minuten kochen lassen.
Ravioli auf Tellern anrichten. Mit Topfencreme, getrocknetem Topfen, brauner Butter und Babyspinatblättern garnieren.

Tipp

- Kontrollieren Sie unbedingt die Temperatur, wenn Sie den Topfen mit der Sahne erwärmen. Bei einer Temperatur über 60 Grad flockt der Topfen aus.

Ravioli mit Almkäse-Fonduta und schwarzem Trüffel

Zutaten (für 4 Personen)

10 g Butter
10 g Weizenmehl
150 g würziger Vinschger Almkäse
150 ml Milch
10 g Eigelb
Salz
Pfeffer
350 g Nudelteig (siehe Grundrezepte Seite 190)

Zum Anrichten
50 ml Gemüsefond (siehe Grundrezepte Seite 190)
1 TL Butter
10 frittierte Speckscheiben, fein gehackt
Schüttelbrotbrösel, in Butter geröstet
20 g schwarzer Trüffel, fein gehobelt
Petersilienblättchen

Zubereitung

Butter schmelzen und Mehl darin anschwitzen. Unter ständigem Rühren Milch dazugeben und aufkochen lassen. Almkäse in kleine Würfel schneiden und in der Mehl-Milch-Mischung schmelzen lassen. Eigelb unterrühren, salzen, pfeffern und Fonduta in einen Spritzbeutel füllen, auskühlen lassen. Nudelteig mit der Nudelmaschine zu dünnen Bahnen ausrollen und die Füllung im Abstand von 5 cm auf ein Teigblatt spritzen. Teigränder mit Wasser bestreichen und ein zweites Nudelblatt darauflegen. Mit einem Ausstecher (Ø 6 cm) Ravioli ausstechen und 3 Minuten in leicht gesalzenem Wasser kochen.

Fertigstellung

Gemüsefond mit Butter reduzieren, salzen und Ravioli darin schwenken. Ravioli auf Teller verteilen und mit frittiertem Speck, Schüttelbrotbröseln, Trüffeln und Petersilie garnieren.

Tortelli mit Artischocken und Thymianbutter

Zutaten (für 4 Personen)

Für die Tortelli
8 Artischocken
Zitronensaft
2 Knoblauchzehen
4 EL Olivenöl
50 ml Weißwein
Salz
50 g Mascarpone
350 g Nudelteig (siehe Grundrezepte Seite 190)

Für die Artischocken
2 Artischocken
½ Schalotte
1 EL Weißwein
30 ml Gemüsefond (siehe Grundrezepte Seite 190)
Salz
1 TL Thymianblättchen

Zum Anrichten
½ TL Thymianblättchen
50 g geklärte Butter
Frittierte Artischockenscheiben (siehe Tipp)

Zubereitung

Tortelli

Von den Artischocken die harten äußeren Blätter entfernen, das obere Drittel abschneiden und das „Heu" herauskratzen. In Zitronenwasser legen, damit sie nicht braun werden. Knoblauchzehen in Olivenöl anschwitzen, Artischocken vierteln und dazugeben. Mit Weißwein ablöschen, salzen und auf kleiner Flamme weich schmoren. Auskühlen lassen, mit Mascarpone im Mixer fein pürieren und eventuell durch ein Sieb passieren. Artischockenpüree in einen Spritzbeutel füllen.
Nudelteig dünn ausrollen und in 8 x 8 cm große Quadrate schneiden. Etwas Füllung auf jedes Teigquadrat spritzen, Ränder mit Wasser bestreichen und so zusammenfalten, dass die Ecken in der Mitte zusammentreffen. In Salzwasser 3 Minuten kochen.

Artischocken

Artischocken putzen und vierteln. Schalotte in feine Würfel schneiden und in Olivenöl farblos anschwitzen. Artischocken dazugeben und mitdünsten lassen. Mit Weißwein ablöschen, Flüssigkeit verdampfen lassen und Gemüsefond zugeben. Mit Salz und Thymian abschmecken.

Fertigstellung

Thymian in der geklärten Butter erwärmen, salzen.
Artischocken auf den Teller geben, Tortelli daraufsetzen und mit Thymianbutter beträufeln. Mit frittierten Artischocken garnieren.

Tipp

› Für die frittierten Artischockenscheiben wird eine rohe Artischocke mit der Aufschnittmaschine in dünne Scheiben geschnitten. Artischockenscheiben in Mehl wälzen und im heißen Sonnenblumenöl goldgelb frittieren. Herausnehmen, auf Küchenkrepp abtropfen lassen und salzen.

Ochsenschwanz-Teigtaschen mit Blattspinat und Pilzschaum

Zutaten (für 4 Personen)

1 kg Ochsenschwanz
Salz, Pfeffer
Olivenöl
200 g Wurzelgemüse (Karotte, Zwiebel, Lauch, Stangensellerie)
1 TL Tomatenmark
500 ml Rotwein
1½ l Gemüsefond (siehe Grundrezepte Seite 190)
1 Rosmarinzweig
1 Lorbeerblatt
5 Wacholderbeeren
10 Pfefferkörner
1 kleine Zwiebel
50 g Speck, in feine Würfel geschnitten
350 g Nudelteig (siehe Grundrezepte Seite 190)

Zum Anrichten

Spinat
Olivenöl
Salz, Pfeffer
Pilzschaum (siehe Seite 190)
Parmesanspäne

Zubereitung

Ochsenschwanz salzen, pfeffern und in Olivenöl scharf anbraten, Wurzelgemüse und Tomatenmark zugeben, etwas mitrösten und mit Rotwein ablöschen. Flüssigkeit einkochen lassen und so viel Gemüsefond angießen, dass alles bedeckt ist. Rosmarin, Lorbeer, Wacholder und Pfefferkörner zufügen und 2–3 Stunden schmoren. Fleisch aus der Sauce nehmen, vom Knochen lösen und klein schneiden. Sauce durch ein Sieb passieren.
Zwiebel schälen, fein schneiden und in Olivenöl anschwitzen. Speck ebenfalls anrösten. Zwiebeln, Speck und Ochsenschwanzfleisch vermischen, etwas Sauce dazugeben und mit Salz und Pfeffer abschmecken.
Nudelteig mit der Nudelmaschine dünn ausrollen. Mit einem runden Ausstecher (Ø 7 cm) Kreise ausstechen. Etwas Füllung in die Mitte setzen, Teigränder mit Wasser bestreichen und zusammenklappen. Fest andrücken und in Salzwasser 3 Minuten kochen.

Fertigstellung

Spinat putzen und waschen. Olivenöl in einem Topf erhitzen, Spinat zugeben und zusammenfallen lassen. Mit Salz und Pfeffer würzen. Pilzschaum mit einem Schneidstab aufschäumen.
Spinat auf Teller geben und Teigtaschen darauf anrichten. Mit Pilzschaum, Ochsenschwanzsauce und Parmesanspänen garnieren.

Rotbarbe mit Radicchio und Quinoa

Zutaten (für 4 Personen)

Für die Rotbarbe
600 g Rotbarbe, küchenfertig
Salz
Olivenöl

Für die Quinoa
1 Schalotte, fein geschnitten
2 EL Olivenöl
120 g Quinoa
2 EL Weißwein
500 ml Gemüsefond (siehe Grundrezepte Seite 190)
1 Thymianzweig
Salz, Pfeffer

Für den Radicchio
600 g Radicchio tardivo
Olivenöl
100 ml Gemüsefond (siehe Grundrezepte Seite 190)
Balsamicoessig
1–2 EL Rote-Bete-Saft
Salz
Cayennepfeffer

Zum Anrichten
8 getrocknete Radicchioblätter (siehe Seite 191)

Zubereitung

Rotbarbe filetieren, portionieren und salzen. Bei schwacher Hitze in Olivenöl ganz kurz auf der Hautseite braten, auf der Fleischseite fertig garen.
Radicchio putzen, waschen und abtrocknen. In Olivenöl anschwitzen, mit Gemüsefond auffüllen und 20 Minuten schmoren. Auskühlen lassen, zwei Drittel abnehmen und mit Balsamicoessig, Salz und Pfeffer abschmecken.
Das verbliebene Drittel in den Mixer geben, fein pürieren, mit Rote-Bete-Saft verrühren und mit Salz und Cayennepfeffer abschmecken. Ein paar Esslöffel davon zum Anrichten beiseitestellen.
Schalotte in Olivenöl farblos anschwitzen, Quinoa dazugeben und mit Weißwein ablöschen. So viel Gemüsefond aufgießen, dass alles gut bedeckt ist, und mit Thymian, Salz und Pfeffer würzen. Köcheln lassen, bis die Flüssigkeit verdampft ist (etwa 15 Minuten). Radicchiopüree unterrühren und noch einmal mit Salz und Pfeffer abschmecken.

Fertigstellung

Quinoa mithilfe eines Metallringes in der Tellermitte anrichten. Geschmorten Radicchio und Rotbarbe darauflegen. Mit getrockneten Radicchioblättern und Radicchiopüree garnieren.

Zweierlei von der Taube mit Tropea-Zwiebelpüree

Zutaten (für 4 Personen)

Für das Tropea-Zwiebelpüree
200 g Tropea-Zwiebeln
20 ml Olivenöl
50 ml Wasser
1 EL Rotweinessig
Salz
1 Rosmarinzweig
1 Thymianzweig

Für die geschmorten Schalotten
160 g Schalotten
Olivenöl
1 Msp. getrockneter Rosmarin
Salz, Pfeffer

Für das Zweierlei von der Taube
2 Tauben
Olivenöl, Salz, Pfeffer
Getrockneter Rosmarin
60 g geröstete Haselnüsse, grob geschnitten
120 g Panko-Mehl
Weizenmehl
2 Eier, verquirlt
500 ml Sonnenblumenöl

Für die Sauce
Olivenöl
50 g Wurzelgemüse
25 ml roter Portwein
50 ml Rotwein
Kaltes Wasser
1 Lorbeerblatt
5 Pfefferkörner
2 Wacholderbeeren, zerdrückt
1½ Knoblauchzehen

Zum Anrichten
160 g Bio-Gänseleber

Zubereitung

Tropea-Zwiebelpüree
Tropea-Zwiebeln schälen, vierteln und in Olivenöl farblos anschwitzen. Mit Wasser aufgießen, Rosmarin und Thymian dazugeben und 20 Minuten schmoren. Auskühlen lassen und mit Essig und Salz im Mixer fein pürieren. Schalotten schälen und vierteln. In Olivenöl anschwitzen, salzen, pfeffern und mit Rosmarin würzen, 20 Minuten schmoren lassen.

Zweierlei von der Taube
Taube parieren, Federkiele mit einer Pinzette entfernen, Innereien herausnehmen und Brust und Keulen auslösen. Die Flügel abschneiden und zusammen mit den Karkassen für die Sauce verwenden.
Keulen auf beiden Seiten in Olivenöl anbraten, salzen, pfeffern und mit Rosmarin würzen. Im vorgeheizten Backofen bei 200 Grad 30 Minuten garen. Haselnüsse und Panko-Brösel vermischen. Keulen in Mehl wenden, durch das verquirlte Ei ziehen und mit der Haselnuss-Panko-Mischung panieren. Im 180 Grad heißen Sonnenblumenöl frittieren und auf Küchenkrepp entfetten. Brust salzen, pfeffern und in Olivenöl auf beiden Seiten kurz anbraten. Im vorgeheizten Backofen bei 200 Grad 5 Minuten garen. Herausnehmen und bei 80 Grad 10 Minuten ruhen lassen.

Sauce
Taubenkarkassen waschen, abtrocknen und klein hacken. In Olivenöl bei niedriger Hitze schön braun rösten. Öl abgießen und Wurzelgemüse zugeben. Mit Port- und Rotwein ablöschen, einkochen lassen und mit so viel kaltem Wasser auffüllen, dass die Knochen bedeckt sind. Lorbeer, Pfefferkörner, Wacholder und Knoblauch zugeben und 1 Stunde köcheln lassen. Durch ein Passiertuch seihen und auf die gewünschte Konsistenz einkochen.

Fertigstellung

Bio-Gänseleber in 4 Stücke schneiden und bei starker Hitze kurz braten. Tropea-Zwiebelpüree auf Teller verteilen, Keule, Brust und Gänseleber daneben anrichten. Mit Sauce und geschmorten Schalotten garnieren.

Tipps

› Sie können die Tropea-Zwiebeln auch ohne Zugabe von Wasser im Vakuumbeutel garen.
› Sie können die Sauce noch mit Maisstärke binden.

Gebratenes Milchferkel mit dreierlei Kohl

Zutaten (für 4 Personen)

Für das Milchferkel
1 kg Schulter
1 kg Rücken oder Keule
Wacholderholz mit Grün
Pinienzapfen
Salz

Für die Schwarzkohlcreme
200 g Schwarzkohl
50 ml Olivenöl
Salz, Pfeffer

Für den geschmorten Weißkohl
½ kleine Zwiebel
20 ml Olivenöl
1 TL Butter
400 g Weißkohl
1 Msp. Kümmel, gehackt
Salz, Pfeffer
150 ml Gemüsefond (siehe Grundrezepte Seite 190)

Zum Anrichten
100 ml Ferkelfond (siehe Tipp)
1 TL Butter
Sonnenblumenöl
Getrockneter Grünkohl (siehe Seite 191)

Zubereitung

Milchferkelschulter und -rücken auslösen und parieren. Eine Wokpfanne mit Alufolie auslegen. Holz und Pinienzapfen daraufgeben und anzünden. Wenn sich genug Rauch entwickelt hat, Fleisch auf ein Gitter legen und in den Wok stellen. Mit einem Deckel gut verschließen und Fleisch 15 Minuten räuchern. Herausnehmen, salzen und im Dampfgarer bei 72 Grad 8 Stunden garen.
Schwarzkohlblätter waschen und von den Stielen zupfen. In Salzwasser blanchieren, herausnehmen und in Eiswasser abschrecken. 50 ml der Kochflüssigkeit mit dem blanchierten Schwarzkohl und Olivenöl im Mixer fein mixen. Durch ein Sieb passieren und mit Salz und Pfeffer würzen.
Weißkohl putzen, halbieren, den harten Strunk entfernen und in dünne Streifen schneiden. Zwiebel schälen, in feine Würfel schneiden und in Olivenöl und Butter farblos anschwitzen. Weißkohl und Kümmel zugeben, salzen, pfeffern und mit Gemüsefond aufgießen. Mit geschlossenem Deckel 30 Minuten dünsten.

Fertigstellung

Ferkelfond auf die gewünschte Konsistenz einkochen und mit Butter binden. Fleisch portionieren und auf der Hautseite in Sonnenblumenöl scharf anbraten.
Schwarzkohlcreme kreisförmig auf Teller verteilen. Weißkohl und Fleisch darauf anrichten und mit getrocknetem Grünkohl und Sauce garnieren.

Tipps

› Zum Räuchern können Sie auch anderes Holz bzw. Föhrenzapfen (Kiefernzapfen) verwenden. Räuchern Sie am besten auf dem Balkon oder auf der Terrasse und achten Sie darauf, dass der Deckel wirklich dicht verschlossen ist. Wenn Sie einen Kugelgrill besitzen, können Sie diesen zum Räuchern benutzen.
› Für den Ferkelfond werden 1 kg zerkleinerte Knochen bei niedriger Hitze in Olivenöl braun geröstet. 100 g klein geschnittenes Wurzelgemüse dazugeben, mitrösten und mit so viel Wasser auffüllen, dass die Knochen bedeckt sind. 4 Knoblauchzehen, ½ TL Kümmel, 10 Pfefferkörner und 1 Rosmarinzweig zufügen und 1 Stunde köcheln lassen. Durch ein Passiertuch abseihen.

Kalbszunge mit Krautrübe

Zutaten (für 4 Personen)

1 kleine Kalbszunge (ca. 750 g), küchenfertig
100 g Wurzelgemüse (Karotten, Stangensellerie, Zwiebel)
50 ml Sahne
100 g Rübenkraut (siehe Tipp)
1 TL Schnittlauch, fein geschnitten
Salz, Pfeffer
1 Krautrübe
Butter
50 ml Gemüsefond (siehe Grundrezepte Seite 190)

Zum Anrichten
1 Krautrübe (Weiße Rübe), in dünne Scheiben geschnitten
Rübensprossen
Kalbssauce (siehe Grundrezepte Seite 189), reduziert

Zubereitung

Kalbszunge waschen und mit dem Wurzelgemüse in Salzwasser kochen lassen. Wenn die Zunge an der Spitze weich ist (etwa 1–1½ Stunden), vom Herd nehmen und im Sud auskühlen lassen. Haut abziehen und Zunge in dünne Scheiben schneiden.
Sahne steif schlagen. Rübenkraut etwas ausdrücken, mit der geschlagenen Sahne und Schnittlauch vermengen, salzen und pfeffern.
Krautrübe waschen, in kleine Würfel schneiden und in Butter anschwitzen. Mit Salz würzen und mit Gemüsefond 30 Minuten schmoren lassen.

Fertigstellung

Krautrübenwürfel auf Tellern anrichten, Kalbszuge darauflegen und mit Rübenkraut, rohen Rübenscheiben und Rübensprossen garnieren. Mit Kalbssauce beträufeln.

Tipp

› Rübenkraut bekommen Sie beim Metzger. Wenn Sie es selber machen wollen, drehen Sie die Krautrüben durch den Fleischwolf und geben Sie sie mit Salz in einen Tontopf. Gut andrücken und etwa 1 Monat fermentieren lassen.

Kalbsnieren auf Gerstenrisotto und geschmorter Zuckerwurzel

Zutaten (für 4 Personen)

Für die Kalbsnieren
2 Milchkalbsnieren mit Fett
1 Rosmarinzweig
1 Thymianzweig
Salz, Pfeffer

Für den Gerstenrisotto
100 g Nacktgerste (aus dem Bio-Laden), 12 Stunden eingeweicht
1 Schalotte
Olivenöl
2 EL Weißwein
500 ml Gemüsefond (siehe Grundrezepte Seite 190)
1 Thymianzweig
1 Rosmarinzweig
Salz, Pfeffer
1 TL Butter
½ TL Pommery-Senf

Für die Zuckerwurzel
160 g Zuckerwurzel
Salz, Pfeffer
Olivenöl
1 Msp. getrockneter Rosmarin, fein gehackt

Zum Anrichten
50 ml Kalbssauce (siehe Grundrezepte Seite 189)
Babyspinat

Zubereitung

Kalbsnieren
Nieren aus dem Fettmantel lösen, Sehnen, Häute und die inneren Harnwege entfernen, die Nieren aber ganz lassen. Nierenfett in grobe Würfel schneiden und in einer Pfanne auslassen. Nieren hineingeben, salzen, pfeffern und im vorgeheizten Backofen bei 75 Grad mit Rosmarin und Thymian 25 Minuten garen. Nieren in Alufolie wickeln und am Herdrand bei 80 Grad 15 Minuten ruhen lassen.

Gerstenrisotto
Die eingeweichte Gerste abgießen. Schalotte schälen, in feine Würfel schneiden und in Olivenöl farblos anschwitzen. Gerste zugeben und mitdünsten lassen. Mit Weißwein ablöschen, einkochen lassen und Gemüsefond angießen. Gerste 50 Minuten köcheln lassen. Gegen Ende der Garzeit Thymian und Rosmarin zugeben und mit Salz und Pfeffer würzen. Vom Herd nehmen und Butter und Pommery-Senf unterrühren.

Zuckerwurzel
Zuckerwurzeln gut waschen, größere Exemplare klein schneiden und mit Salz, Pfeffer, Olivenöl und Rosmarin marinieren. Auf ein Backblech geben und im vorgeheizten Backofen bei 180 Grad 20 Minuten schmoren lassen.

Fertigstellung

Gerstenrisotto mittig in tiefen Tellern anrichten. Nieren in Scheiben schneiden und abwechselnd mit den Zuckerwurzeln auf dem Risotto platzieren. Mit Kalbssauce beträufeln und mit Babyspinat garnieren.

Tipp

› Die Zuckerwurzel ist ein süß schmeckendes Wurzelgemüse. Man kann sie wie Möhren oder Schwarzwurzeln zubereiten. Den holzigen Mittelstrang größerer Exemplare kann man nicht mitessen. Er lässt sich nach dem Kochen gut herauslösen.

Blutwurstgröstl mit Krautrüben, Kartoffeln und geröstetem Schwarzbrot

Zutaten (für 4 Personen)

2 Kartoffeln
200 g Krautrüben (Herbstrüben)
Milch
1 Schalotte
1 Knoblauchzehe
Olivenöl
250 g Blutwurst
1 Msp. getrockneter Majoran
½ TL Petersilie, fein geschnitten
100 ml Kalbsfond (siehe Grundrezepte Seite 189)
Salz, Pfeffer
70 g Schwarzbrot, in dünne Scheiben geschnitten
1 EL Butter

Zum Anrichten
Krautrübensprossen
Majoran

Zubereitung

Kartoffeln mit Schale kochen, auskühlen lassen, schälen und in Würfel schneiden. Krautrübe schälen, in Würfel schneiden, mit Milch bedecken und 5 Minuten kochen. Schalotte und Knoblauch schälen, fein schneiden und in Olivenöl farblos anschwitzen. Kartoffel- und Krautrübenwürfel dazugeben und rösten. Blutwurst in Scheiben schneiden, mit Majoran, Petersilie und Kalbsfond zu den Kartoffel- und Rübenwürfeln geben. Kurz durchschwenken und mit Salz und Pfeffer würzen.
Schwarzbrotscheiben in dünne Streifen schneiden, Butter erhitzen und Schwarzbrot darin rösten. Einen Teil zum Anrichten beiseitestellen, den Rest zum Gröstl geben.

Fertigstellung

Gröstl auf Tellern anrichten und mit geröstetem Schwarzbrot, Krautsprossen und Majoran garnieren.

Wenn es kalt wurde, kam Fleisch auf den Tisch

Jedes Jahr im Herbst wurde am Hof geschlachtet. Noch immer habe sie das Winseln der Schweine im Ohr, sagt Anna. Den ganzen Winter lang kam alles auf den Tisch, was verwertet werden konnte. „Wir Kinder mussten das warme Blut rühren, bis es abgekühlt war." Daraus hat Annas Mutter dann Blutnudeln und Blutwürste gemacht. Das Fleisch selber wurde eingelegt oder in einem Schneeloch hinter dem Stadel eingegraben. „Das war unser Kühlschrank. Im Pustertal ist es ordentlich kalt, und Schnee gab es genug." Heute macht Anna einmal im Jahr Blutwürste. „Ich mache es, weil es für mich zur Tradition gehört." Das Blut holt sie jetzt bei einer Bäuerin: Beim Löwenwirt sind die Tiere schon lange ausgezogen.

Kaffeedessert mit flüssiger Zitronenthymianpraline

Zutaten (für 4 Personen)

Für das Kaffeeeis
100 ml Sahne
400 ml Milch
90 g Kaffeebohnen (100 % Arabica)
80 g Zucker
6 Eigelb

Für den Kaffee-Schokoladen-Schaum
90 g Schokolade (70 %)
100 ml Espresso
2 EL Läuterzucker (siehe Tipp Seite 58)
2 EL Rum
50 ml Sahne

Für die Zitronenthymianpraline
125 ml Milch
5 Zitronenthymianzweige
1 EL Zucker
1 Prise Salz
½ Bio-Zitrone, Schale abgerieben
Flüssige Schokolade (siehe Seite 138)

Zum Anrichten
Heller Crumble (siehe Grundrezepte Seite 191)
Zitronenthymianblättchen

Zubereitung

Kaffeeeis
Sahne und Milch vermischen. Kaffeebohnen zugeben und 12 Stunden (am besten über Nacht) darin ziehen lassen. Anschließend einmal aufkochen und abseihen. Eigelb und Zucker schaumig schlagen. Sahne-Kaffee-Gemisch zugeben und über dem Wasserbad zur Rose abziehen. Auskühlen und in der Eismaschine gefrieren lassen.

Kaffee-Schokoladen-Schaum
Schokolade über dem Wasserbad schmelzen. Mit Espresso, Läuterzucker, Rum und Sahne verrühren und in eine Espuma-Flasche füllen. Eine Sahnekapsel aufschrauben und gut schütteln. Kühl stellen.

Zitronenthymianpraline
Milch mit Zitronenthymian, Zucker und Salz aufkochen. Zitronenschale zugeben und 12 Stunden ziehen lassen. Abseihen, in Halbkugelformen aus Silikon (Ø 3 cm, à 7 g) füllen, einen Holzspieß hineinstecken und im Tiefkühlschrank gefrieren lassen. Herausnehmen und in die flüssige Schokolade tauchen. Den Spieß herausziehen und das Loch mit flüssiger Schokolade verschließen, im Kühlschrank 1 Stunde fest werden lassen.

Fertigstellung

Gläser bis zur Hälfte mit Kaffeeeis füllen, Kaffee-Schokoladen-Schaum aufspritzen und mit Crumble garnieren. Zitronenthymianpraline daneben anrichten und mit Zitronenthymianblättchen garnieren.

Safranbirne mit Rosmarinbaiser und Tonic-Sorbet

Zutaten (für 4 Personen)

Für die Safranbirne
200 ml Wasser
180 ml Läuterzucker (siehe Tipp Seite 58)
½ Bio-Zitrone, Saft und Schale
½ Vanilleschote, ausgekratzt
5 g Ingwer
6 g Glukose
½ TL Safranfäden
2 reife Birnen

Für das Rosmarinbaiser
1 Eiweiß
60 g Zucker
½ TL getrockneter Rosmarin, gehackt

Für die Birnenmousse
90 g Birnen, gekocht
20 g Zucker
10 g Eiweiß
80 ml Sahne
1 Blatt Gelatine

Für das Tonic-Sorbet
200 ml Tonic
½ Bio-Zitrone, Saft
75 g Sorbet-Grundmasse (siehe Grundrezepte Seite 190)

Zum Anrichten
Kandierte Zitronenzesten (siehe Tipp)
Minze

Zubereitung

Safranbirne
Wasser, Läuterzucker, Zitronensaft und -schale, Vanillemark, Ingwer, Glukose und Safran aufkochen und 12 Stunden (am besten über Nacht) ziehen lassen. Birnen schälen, entkernen, achteln und mit dem Safransirup vakuumieren. In einem Topf mit Wasser bei 82 Grad 40 Minuten garen.

Rosmarinbaiser
Eiweiß mit Zucker steif schlagen, Rosmarin unterheben. Baisermasse auf ein mit Backpapier ausgelegtes Backblech streichen und im vorgeheizten Backofen bei 100 Grad 3 Stunden trocknen lassen.

Birnenmousse
Birnen pürieren und mit 1 EL Zucker vermischen. Eiweiß mit dem restlichen Zucker steif schlagen. Gelatine in kaltem Wasser einweichen. Etwas Birnenpüree erwärmen, die gut ausgedrückte Gelatine darin auflösen und unter das restliche Birnenpüree rühren. Sahne halbsteif schlagen und zusammen mit dem Eischnee unterheben. Birnenmousse im Kühlschrank fest werden lassen.

Tonic-Sorbet
Tonic, Zitronensaft und Sorbet-Grundmasse verrühren, in die Eismaschine geben und gefrieren lassen.

Fertigstellung

Die Mousse auf Teller geben und Safranbirnen darauflegen. Baiser in Stücke brechen und dazwischen anrichten, Sorbet daneben platzieren. Mit kandierten Zitronenzesten und Minze garnieren.

Tipp

› Für die kandierten Zitronenzesten wird die Schale einer Bio-Zitrone in feine Streifen geschnitten, blanchiert und in einer Mischung aus 50 g Zucker und 50 ml Wasser kandiert. Anschließend werden die Zesten mit dem Zitronensaft und 8 gehackten Wacholderbeeren vermischt.

Dessert von der Ananasrenette

Zutaten (für 4 Personen)

Für den Apfelstrudel
300 g Ananasrenette
50 g Butter
50 g Staubzucker
50 g Walnüsse
1 Msp. Zimt
4 Blätter Filoteig (12 x 12 cm)

Für das Sorbet
700 g Ananasrenette
½ Bio-Zitrone, Saft
100 g Staubzucker

Für die Zimtcreme
65 ml Sahne
1 Eigelb
1 EL Zucker
1 Msp. Zimt
1 Msp. Maisstärke

Zum Anrichten
Staubzucker
Heller Crumble (siehe Grundrezepte Seite 191)
Karamellisierte Walnüsse (siehe Tipp)
Karamellisierte Äpfel (siehe Tipp)
Minze

Zubereitung

Strudel
Ananasrenette waschen, schälen, Kernhaus entfernen und in kleine Würfel schneiden. Butter mit Staubzucker schaumig rühren. Walnüsse ohne Fett in einer Pfanne rösten, auskühlen lassen und fein mahlen. Apfelwürfel, Walnüsse und Zimt unter die Butter-Staubzucker-Mischung rühren.
Apfelfüllung auf Filoteigblätter geben, Teigränder mit Wasser bestreichen, umklappen und gut einrollen. Strudel mit Staubzucker bestreuen und 10 Minuten im vorgeheizten Backofen bei 180 Grad backen.

Sorbet
Ananasrenette waschen, vierteln und Kernhaus entfernen.
Mit Zitronensaft und Staubzucker im Mixer fein pürieren, in die Eismaschine geben und gefrieren lassen.

Zimtcreme
Sahne, Eigelb, Zucker, Zimt und Maisstärke in einer Stahlschüssel verrühren. Über dem Wasserbad zur Rose abziehen. Auskühlen lassen.

Fertigstellung

Apfelstrudelröllchen mit Staubzucker bestreuen, auf dem Teller anrichten und eine Nocke Apfelsorbet auf Crumble daneben platzieren. Mit Zimtcreme, karamellisierten Walnüssen, karamellisierten Äpfeln und Minze garnieren.

Tipps

› Sie können statt der Ananasrenette auch andere säuerliche Äpfel verwenden, z. B. Gravensteiner.
› Für die karamellisierten Walnüsse 1 EL Zucker schmelzen lassen und 8 halbierte Walnüsse darin karamellisieren.
› Für die karamellisierten Äpfel 1 Apfel in kleine Würfel schneiden, 1 EL Zucker schmelzen lassen und Apfelwürfel darin karamellisieren.

Mandarinendessert

Zutaten (für 4 Personen)

Für die Macarons
100 g Mandeln
100 g Staubzucker
72 g Eiweiß
33 ml Wasser
100 g Zucker

Für die Mandarinencreme
100 g Zuckerwürfel
200 ml Mandarinensaft
3 Blatt Gelatine
1 EL Grand Marnier
100 ml Sahne

Für das Mandarinensorbet
50 g Zuckerwürfel
500 ml Mandarinensaft
20 ml Zitronensaft

Für den Mandarinenschaum
60 g Zuckerwürfel
300 g Mandarinensaft
2 cl Grand Marnier
30 g Butter

Zum Anrichten
Heller Crumble (siehe
Grundrezepte Seite 191)
Mandarinenfilets
Minze

Sie brauchen für dieses Rezept ungefähr 2 kg unbehandelte Mandarinen, keine Clementinen oder andere Züchtungen.

Zubereitung

Macarons
Mandeln schälen und mit Staubzucker im Mixer fein zerkleinern. Durch ein feines Sieb geben und mit 36 g Eiweiß vermischen. Wasser und Zucker auf 120 Grad erhitzen. (Temperatur mit dem Zuckerthermometer kontrollieren). Das restliche Eiweiß leicht anschlagen, die Zuckerlösung dazugeben und kalt schlagen. Mandel-Eiweiß-Masse unterziehen und in einen Spritzbeutel mit Lochtülle füllen. Auf ein mit Backpapier ausgelegtes Backblech kleine Kreise spritzen (Ø 5 cm), dabei einen Abstand von 3 cm lassen. Macaronschalen mindestens 30 Minuten ruhen lassen, damit sie oben etwas antrocknen. Im vorgeheizten Backofen (Ober- und Unterhitze) bei 110 Grad etwa 30 Minuten backen. Auf dem Blech auskühlen lassen.

Mandarinencreme
Mit den Zuckerwürfeln die Schale der Bio-Mandarinen abreiben, Mandarinen halbieren und Saft (200 ml) auspressen. Mandarinensaft mit den Zuckerwürfeln aufkochen und auf 150 ml reduzieren. Gelatine in kaltem Wasser einweichen. Grand Marnier erhitzen, Gelatine gut ausdrücken und darin auflösen. Mit dem Mandarinensaft verrühren und auf Eiswasser abkühlen. Sahne steif schlagen. Wenn der Saft zu gelieren beginnt, Sahne unterheben und Creme in einen Spritzbeutel füllen. Im Kühlschrank fest werden lassen.

Mandarinensorbet
Mit den Zuckerwürfeln die Schale der Bio-Mandarinen abreiben, Mandarinen halbieren und Saft (500 ml) auspressen. Einen Teil des Mandarinensaftes mit Zuckerwürfeln aufkochen, den restlichen Saft und den Zitronensaft dazugeben. Durch ein Sieb passieren und in der Eismaschine gefrieren lassen.

Mandarinenschaum
Mit den Zuckerwürfeln die Schale der Bio-Mandarinen abreiben, Mandarinen halbieren und Saft (300 ml) auspressen. Saft durch ein Sieb passieren. Zuckerwürfel in einem Topf karamellisieren lassen, Mandarinensaft und Grand Marnier zugeben und aufkochen lassen. Butter unterrühren, Flüssigkeit auskühlen lassen und mit dem Schneidstab aufschäumen.

Fertigstellung

Macarons mit Mandarinencreme füllen und auf Tellern anrichten. Je zwei Tupfen Mandarinencreme daneben platzieren. Eine Nocke Mandarinensorbet auf Crumble setzen und mit Mandarinenschaum, -filets und Minze garnieren.

rezepte

Fischfond

Zutaten
500 g Fischkarkassen
Wasser
1 Schalotte
½ Zitrone, ohne Schale
Petersilienstängel
Thymianzweig
Pfefferkörner
1 Lorbeerblatt
1 Stück Selleriestange
2 Champignons

Zubereitung
Fischkarkassen gut waschen, mit so viel kaltem Wasser aufsetzen, dass alles gut bedeckt ist. Schalotte, Zitrone, Petersilie, Thymian, Pfefferkörner, Lorbeer, Selleriestange und Champignons zugeben und 1 Stunde kochen lassen. Fond durch ein Passiertuch seihen.

Tipp
Der Fond lässt sich auf Vorrat kochen und portionsweise einfrieren.

Kalbsfond

Zutaten
1 kg Kalbsknochen
Olivenöl
150 g Wurzelgemüse (Karotte, Stangensellerie, Zwiebel), grob geschnitten
50 ml Weißwein
1 Tomate
1 Rosmarinzweig
½ TL Pfefferkörner
3 Wacholderbeeren
1 Lorbeerblatt
2 Knoblauchzehen
Eiswasser

Zubereitung
Knochen klein hacken und bei kleiner Hitze in Olivenöl schön braun anbraten. Öl abgießen, Wurzelgemüse zugeben und mitrösten. Mit Weißwein ablöschen. Tomate, Rosmarin, Pfefferkörner, Wacholder, Lorbeer und Knoblauch zufügen und mit so viel Eiswasser auffüllen, dass alles gut bedeckt ist. 1 Stunde köcheln lassen und anschließend durch ein Passiertuch seihen.

Tipp
Der Fond lässt sich auf Vorrat kochen und portionsweise einfrieren.

Kalbssauce

Zutaten
100 ml Kalbsfond
Salz, Pfeffer
Maisstärke

Zubereitung
Kalbsfond sehr stark einkochen, salzen, pfeffern und mit in Wasser angerührter Maisstärke binden.

Wildfond

Zutaten
1 kg Knochen (Hirsch, Reh)
Olivenöl
1 Karotte
1 Stück Stangensellerie
1 Zwiebel
300 ml Rotwein
Wasser
1 Lorbeerblatt
3 Wacholderbeeren
4 Knoblauchzehen
Wildgewürz

Zubereitung
Knochen klein hacken, in Olivenöl braun anrösten und Öl abgießen. Karotten, Sellerie und Zwiebel grob zerschneiden, zu den Knochen geben und mitrösten. Mehrmals mit Rotwein ablöschen und einkochen lassen. Wenn der Rotwein verdampft ist, mit so viel kaltem Wasser aufgießen, dass alles gut bedeckt ist. Lorbeer, Wacholder, Knoblauch und Wildgewürz zugeben, 1 Stunde köcheln lassen und durch ein Passiertuch seihen.

Tipp
Der Fond lässt sich auf Vorrat kochen und portionsweise einfrieren.

Lammfond

Zutaten
1 kg Lammabschnitte und -knochen
Olivenöl
150 g Wurzelgemüse (Karotte, Zwiebel, Stangensellerie), grob geschnitten
50 ml Weißwein
Wasser
1 Tomate
1 Thymianzweig
1 Rosmarinzweig
4 Knoblauchzehen

Zubereitung
Lammabschnitte und -knochen klein schneiden bzw. hacken, in Olivenöl so lange rösten, bis alles eine schöne braune Farbe angenommen hat. Öl abgießen, Wurzelgemüse zugeben und mitrösten.
Mit Weißwein ablöschen, einkochen lassen und mit so viel kaltem Wasser auffüllen, dass alles gut bedeckt ist. Tomate, Thymian, Rosmarin und Knoblauch zugeben und 1 Stunde köcheln lassen. Durch ein Tuch passieren und auf die gewünschte Konsistenz einkochen lassen.

Tipp
Der Fond lässt sich auf Vorrat kochen und portionsweise einfrieren.

Gemüsefond

Zutaten
300 g Gemüse (Zwiebel, Karotte, Lauch, Sellerie, Fenchel, Zucchini)
Olivenöl
Wasser

Zubereitung
Gemüse putzen, waschen und in Olivenöl anschwitzen. Mit Wasser auffüllen, sodass alles bedeckt ist, 1 Stunde köcheln lassen und anschließend durch ein Tuch passieren.

Tipp
Sie können den Fond gut vorbereiten und portionsweise einfrieren.

Pilzschaum

Zutaten
50 g Pilze (je nach Jahreszeit: Champignons, Steinpilze, schwarze Trüffel)
300 ml Gemüsefond (siehe Seite 190)
1 EL Butter
2 EL Madeira
50 ml Sahne
Salz, Pfeffer

Zubereitung
Pilze putzen, in Würfel schneiden und in Butter anschwitzen, mit Madeira ablöschen und die Flüssigkeit vollständig einkochen lassen. Mit Gemüsefond und Sahne aufgießen und auf die Hälfte reduzieren. Salzen, pfeffern, in einen Mixer geben und fein mixen. Durch ein Sieb seihen und die Flüssigkeit mit dem Schneidstab aufschäumen.

Tipp
Zum Garnieren brauchen Sie eine geringere Menge, die ließe sich aber nicht aufschäumen. Verwenden Sie den restlichen Pilzschaum für ein Nudelgericht.

Konfierte Tomaten

Zutaten
300 g Datterini-Tomaten
Olivenöl
1 Msp. Thymian, fein gehackt
1 Msp. Knoblauch, fein gehackt
1 Msp. Rosmarin, fein gehackt
Salz
Peperoncino

Zubereitung
Tomaten kurz in heißes Wasser geben, in Eiswasser abschrecken und häuten. In Olivenöl mit Thymian, Knoblauch und Rosmarin andünsten und mit Salz und Peperoncino würzen. Im vorgeheizten Backofen bei 180 Grad 20 Minuten konfieren lassen.

Tipp
Füllen Sie die konfierten Tomaten noch heiß in Weckgläser, gut mit Olivenöl bedecken und im Dampfgarer einwecken. Auf diese Weise halten sich die Tomaten einige Monate.

Geschmorte Tomaten

Zutaten
10 Tomaten
1 Msp. Thymian
1 Msp. Rosmarin
1 Msp. Knoblauch
Salz
Olivenöl

Zubereitung
Tomaten schälen, vierteln und entkernen. Mit der gewölbten Seite nach oben auf ein Backblech legen und mit Thymian, Rosmarin, Knoblauch, Salz und Olivenöl würzen. Im vorgeheizten Backofen bei 120 Grad 2 Stunden schmoren lassen.

Nudelteig

Zutaten
500 g Weizenmehl
50 g Hartweizengrieß
10 Eigelb
1 Ei
30 ml Wasser

Zubereitung
Alle Zutaten mit der Hand zu einem festen Teig verkneten. In Klarsichtfolie wickeln und vor der Weiterverarbeitung 30 Minuten im Kühlschrank ruhen lassen.

Tipp
Der Nudelteig lässt sich einfrieren.

Grundmasse für weiße Mousse

Zutaten
150 ml Milch
100 ml Sahne
90 g Eigelb
75 g Zucker

Zubereitung
Milch mit Sahne aufkochen und Eigelb mit Zucker verrühren. Milch-Sahne-Mischung zur Ei-Zucker-Masse geben. Unter ständigem Rühren über dem Wasserbad zur Rose abziehen und durch ein Haarsieb streichen.

Sorbet-Grundmasse

Zutaten
1 Blatt Gelatine
500 ml Wasser
200 g Zucker
1 TL Glukose

Zubereitung
Gelatine in kaltem Wasser einweichen. Wasser, Zucker und Glukose

kurz erwärmen, damit sich alles gut vermischt. Gelatine ausdrücken, darin auflösen und auskühlen lassen.

Kräuteröl

Zutaten
½ Bio-Orange
½ Bio-Zitrone
1 kleiner Rosmarinzweig
1 Thymianzweig
200 ml Olivenöl

Zubereitung
Orange und Zitrone mit Schale in Scheiben schneiden. Mit Rosmarin und Thymian vermischen und mit Olivenöl aufgießen. Bei Zimmertemperatur 2 Tage ziehen lassen. Abseihen und in eine Flasche füllen.

Tipp
Das Kräuteröl hält sich etwa 3 Wochen im Kühlschrank.

Preiselbeerkompott

Zutaten
500 g Preiselbeeren
2 EL Zucker
2 EL Weißwein

Zubereitung
Preiselbeeren mit Zucker und Weißwein kochen und auskühlen lassen.

Tipps
- Das Preiselbeerkompott lässt sich gut als Vorrat für den Winter einfrieren. Sie können es auch einwecken, aber tiefgefroren bleibt die rote Farbe besser erhalten.
- Servieren Sie Preiselbeerkompott beispielsweise zu Krapfen oder Nigilan.

Heller Crumble

Zutaten
50 g Staubzucker
50 g Butter
50 g Mandeln, gerieben
50 g Weizenmehl

Zubereitung
Staubzucker, Butter und Mandeln vermengen und locker mit dem Mehl vermischen, bis die Masse eine bröselige Konsistenz hat. Auf einer Silpat-Matte verteilen und kühl stellen. Im vorgeheizten Backofen bei 180 Grad 10 Minuten backen. Auskühlen lassen und zerkleinern.

Tipps
- Kneten Sie die Masse nicht zu fest bzw. zu lange, sonst werden die Streusel hart.
- Der Crumble hält sich luftdicht verschlossen bis zu 2 Wochen.

Wildgewürz

Zutaten
Pfefferkörner
Wacholderbeeren
Kümmel
Koriander
Neugewürz (Piment)

Zubereitung
Die verschiedenen Gewürze separat in einer trockenen Pfanne rösten, auskühlen lassen und anschließend im Mörser oder mit einem Messer zerkleinern. Alles vermischen und in ein Schraubglas füllen.

Tipps
- Das Wildgewürz hält sich luftdicht verschlossen einige Wochen.
- Sie können die Menge der einzelnen Gewürze nach Ihrem Geschmack variieren.

Eingelegte Pfifferlinge

Zutaten
1 kg Pfifferlinge
1 l Wasser
100 ml Essig
1 kleine Zwiebel, in Ringe geschnitten
2 Knoblauchzehen
2 Lorbeerblätter
10 Pfefferkörner
Olivenöl

Zubereitung
Pfifferlinge putzen. Wasser, Essig, Zwiebelringe, Knoblauch, Lorbeerblätter und Pfefferkörner aufkochen. Pfifferlinge zugeben, noch einmal aufkochen lassen, abseihen und in Weckgläser füllen. Mit Olivenöl aufgießen, sodass die Pilze bedeckt sind. Gläser fest verschließen und bei 80 Grad im Dampfgarer einwecken.

Tipps
- In einem kühlen, dunklen Keller halten sich die eingelegten Pfifferlinge mehrere Monate.
- Sie können auf diese Weise auch Steinpilze oder andere Waldpilze einlegen.

Trocknen von Gemüse und Früchten

Getrocknetes Blattgemüse (Grünkohl, Radicchio oder anderer Salat)
Blätter vom Salat oder Blattgemüse mit Sherry-Essig, Olivenöl und Salz marinieren und 12 Stunden (oder über Nacht) bei 50 Grad im Backofen trocknen lassen. Man kann zum Trocknen auch einen Dörrapparat verwenden. Darin dauert das Trocknen etwa 4 Stunden.

Getrocknetes Gemüse oder Obst (z. B. Pilze, Oliven, Kapern, Holunderblüten, Äpfel, Birnen, Preiselbeeren etc.)

Das zu trocknende Gemüse oder Obst in dünne Scheiben schneiden (Oliven, Kapern oder Preiselbeeren können ganz bleiben) und 12 Stunden (oder über Nacht) bei 50 Grad im Backofen oder einige Stunden im Dörrapparat trocknen. Gut getrocknetes Gemüse oder Obst hält sich luftdicht verschlossen einige Wochen. Allerdings sollten Sie Oliven oder Preiselbeeren nicht aufheben, sie werden schnell ranzig bzw. verlieren die Farbe.

Griebenschmalz

(siehe Foto Seite 188)

Zutaten

500 g Schweinebauch (ohne Schwarte)
2 EL Wasser
1 kleine Zwiebel
50 g Speck
Olivenöl
½ Apfel
1 EL Schnittlauch, fein geschnitten
Salz, Pfeffer

Zubereitung

Schweinebauch faschieren. Etwas Wasser auf den Topfboden geben, Schweinebauch zufügen und so lange rösten, bis das Fett vollständig ausgetreten und die Grieben knusprig sind. Durch ein Sieb gießen und auskühlen lassen. Zwiebel und Speck in feine Würfel schneiden und in Olivenöl anbraten (die Zwiebel sollte eine bräunliche Farbe haben, der Speck knusprig sein). Apfel schälen, entkernen und in kleine Würfel schneiden. Das ausgekühlte Fett mit der Küchenmaschine schaumig rühren. Schnittlauch, Grieben, Zwiebel-, Speck- und Apfelwürfel mit dem schaumig gerührten Fett vermischen und mit Salz und Pfeffer abschmecken.

Tipps

- Lassen Sie sich den Schweinebauch von Ihrem Metzger faschieren.
- Servieren Sie das Griebenschmalz zu Weizen-Roggen-Brot oder Grissini.

Weizen-Roggen-Brot

Zutaten

300 g Weizenmehl (Typ 0)
100 g Roggenmehl
270 ml Wasser
10 g Salz
3 g Hefe
1 TL Fenchelsamen
1 TL Kümmel

Zubereitung

Beide Mehlsorten, Wasser, Salz, Hefe, Fenchelsamen und Kümmel vermischen und mit der Hand zu einem Teig verkneten. Teig in eine Schüssel legen und mit Klarsichtfolie abdecken, 18 Stunden bei Zimmertemperatur gehen lassen.
Teig auf eine bemehlte Arbeitsfläche geben und halbieren. Die Teigstücke zusammenfalten und mit der glatten Oberfläche nach oben drehen. Mit bemehlten Händen zu einer Kugel formen und in einen bemehlten Brotkorb legen. Mindestens 2–3 Stunden gehen lassen. Auf ein mit Backpapier ausgelegtes Backblech stürzen, eine feuerfeste Schale mit Wasser in den vorgeheizten Backofen stellen und das Brot 15 Minuten bei 240 Grad backen. Anschließend die Temperatur auf 180 Grad herunterschalten und das Brot in weiteren 25 Minuten fertig backen.

Tipps

- Wiegen Sie die Hefemenge mit einer Löffelwaage ab. Sie können zum Abmessen der Hefe aber auch einen Kreis mit einem Durchmesser von 1,7 cm auf ein Blatt Papier zeichnen. Formen Sie aus Hefe eine kleine Kugel, die genau auf diesen Kreis passt.
- Wenn Sie keinen Brotbackkorb haben, können Sie die Teiglinge auch in eine mit einem bemehlten Küchentuch ausgelegte runde Schüssel legen.

Lieferanten von Anna Matscher
Erna Paregger, Scharhof, Tisens: Eier
Hansi Baumgartner, Degust, Vahrn: Käse
Stefan Nigg, Metzgerei Nigg, Terlan: Fleisch
Harald Gasser, Aspinger Raritäten, Barbian: Gemüse
Franziska Knoll, Großkemat, Tisens-Prissian: Wildkräuter und Tomaten

Mensch, Anna

von Gabriele Crepaz

Zu früh für Anna?

Meinen Kaffee nehme ich in der Bar gegenüber. Es ist viel zu früh. Anna wird spät ins Bett gekommen sein. Wie immer bei ihrer Arbeit. Auch das große, runde Holztor zum Löwenwirt ist noch verschlossen. Und so gut kenne ich Anna gar nicht, dass ich vor der Zeit aufkreuzen könnte. Meine ich.
Durch das Fenster der Bar sehe ich, wie Annas Mann Luis von innen das Tor aufschiebt, in die Landschaft späht, mit einem Nachbarn drei Worte tauscht. Dann ist es wieder leer auf der Dorfstraße in Tisens. Nicht einmal ein Bauer mit seinem Traktor kommt vorbei. Ich schaue auf die Uhr. Jetzt kann ich. Ich betrete das Lokal. Da kommt mir Anna schon entgegen. Mit einem Lächeln sagt sie: „Magst du einen Kaffee?"
Und da weiß ich es: Ich bin bei Anna daheim. Wo sie kocht, wohnt sie auch.

*

So ist Anna halt ...

Ich trinke Wasser. Gewöhnliches Leitungswasser. Anna trinkt bei unseren Treffen Tee. Bio-Heidelbeere von einem jungen Südtiroler Teeproduzenten. „Das ist mein Lieblingstee." Wenn wir so dasitzen, Anna auf dem Stuhl, ich auf der Bank, schaue ich gerne auf ihre Hände. Das ist Anna für mich: ein Handmensch. „Wenn ich irgendwohin gehe, muss ich meine Hände immer verstecken", sagt Anna. Aber ich glaube, da versteht sie nichts. Sie hat schöne Hände. Keine feingliedrigen, aber Hände, in denen ihre Sinnlichkeit lebendig ist.
Es sind Hände, die gerne im Garten zupacken, einen Teig kräftig durchkneten können, im Frühling vor dem Löwenwirt die ersten Stiefmütterchen pflanzen und eine Zwiebel so regelmäßig schneiden, dass man mit dem Lineal nachmessen könnte.
Immer wenn wir uns treffen, wird Anna auf dem Stuhl sitzen, ich auf der Bank. Ihr wird die Sonne ins Gesicht scheinen, die durch das Glasdach in den Speisesaal fällt, dann rückt sie ihren Stuhl ein Stück näher an mich heran, bis es Zeit wird, in die Küche zu gehen. Sie schaut nicht auf die Uhr. Sie merkt es daran, dass die Köche immer öfter mit Fragen vorbeikommen, das Geschirr immer lauter klappert und Luis und Elisabeth, die Tochter der beiden, Tische rücken und eindecken.
Ich glaube, Anna hat ihr Leben schon immer in die Hand genommen. Vielleicht, weil sie es musste? Nur das Teegeschirr lässt sie auf dem Tisch zurück, wenn sie in die Küche geht. Das räume ich weg. Oder Elisabeth.

*

Hauptsache, es gibt etwas zum Kneten

Anna war 14, als sie überlegen musste, womit sie ihr Geld verdienen wollte. Konditorin hätte ihr gefallen, gelernt hat sie Masseurin, geworden ist sie Köchin.
„Ich hatte mich schon bei einer Konditorei beworben", erinnert sie sich. Und wie sie ihrer Mutter davon erzählte. Die sah ihre Anna nicht in einer schwach beleuchteten und schlecht belüfteten Backstube. „Nie an der frischen Luft. Da wirst du immer blass sein", sagte die Mutter. So dachte Anna weiter nach. Als in Bozen ein Massagekurs angeboten wurde, schrieb sie sich ein, ging vom Dorf in die Stadt und bald nach Wien, um bei Willi Dungl eine Massageausbildung zu absolvieren. In den 1970er-Jahren galt der Physiotherapeut Dungl als Pionier der ganzheitlichen Gesundheitspflege; Österreichs Sportelite von Niki Lauda bis

Franz Klammer ließ sich bei ihm die verspannten Muskeln kurieren. „Er hat ein unglaubliches Charisma gehabt. Eine Ruhe. Bei ihm habe ich zum ersten Mal gesehen, wie man richtig Müsli macht.

Die vierjährige Anna

Anna, Luis und Elisabeth Matscher am Egarterhof in Vierschach/Pustertal

Er hat uns einfach Sachen fürs Leben mitgegeben." Nebenbei hat sie gekocht. „Ich hatte kein Geld von daheim", sagt Anna heute. In Wien führte sie deshalb tagsüber einer Arztfamilie den Haushalt, abends fuhr sie in die Stadt zum Dungl-Kurs. „Für die Familie habe ich richtig gekocht. Lasagne zum Beispiel, von den Nudelblättern bis zum Sugo habe ich alles selber gemacht." Oder die Topfenknödel zur Nachspeise, „die mach ich immer noch." Und zu Weihnachten Lebkuchenhäuschen für ihre Heimgenossen. „Die anderen sind am Wochenende nach Hause gefahren. Das konnte ich nicht", lacht Anna, so hat sie eben für alle Konditorin gespielt.

Sie konnte es einfach nicht lassen. Viel später, als sie längst wieder in Südtirol war und als Masseurin arbeitete, knetete sie die Rücken ihrer Kundinnen durch, während sie sich von ihnen Kochrezepte erzählen ließ.
Und sonst hat sie gestrickt. Pullover für sich, Pullunder für Luis. Manchmal sogar mit der gleichen Wolle. „Letztes Jahr hab ich kurz überlegt, ob ich wieder anfangen soll." Besser nicht. Ihre Finger haben genug zu tun. Anna kocht mit den Fingern: „Die sind gleich bei der Hand." Schneller als jedes Besteck. So wuschelt sie den Radicchio in der heißen Pfanne, zupft Salat und Blüten auf die Teller, kostet die Mayonnaise mit dem Zeigefinger und greift mit voller Hand in die Apfelwürfel, um zu fühlen, ob sie noch Mandeln dazugeben soll. „Ich weiß schon, dass die Sterneköche heute mit der Pinzette kochen."
Nicht Anna. Oder nur ganz selten. Wenn sie die Artischocken in der Pfanne wendet.

*

Auf dem Hof hat sie das Fürchten verlernt

Zimperlich wird die Anna nie gewesen sein. Sie ist in den 1960er-Jahren auf einem Bergbauernhof in Vierschach im Pustertal aufgewachsen. Am Egarterhof auf 1.360 Meter Meereshöhe kann man heute Urlaub machen.
Seit sie denken kann, hat eine Straße zum Hof geführt, nur die Patzleiner, wie Anna als Kind hieß, hatten kein Auto. „Das erste Auto kam auf den Hof, als meine Schwester ihren Freund mitbrachte." Anna ging also schon mit sechs zu Fuß durch den Wald in die Schule. Mit den Nachbarskindern rutschte sie über das Eis hinunter ins Tal, bis die Hosen starr am Hintern klebten. Wenn sie nach der Schule den Berg hinaufstieg, war es schon wieder dunkel. Am ersten Schultag ging Anna alleine heim. „Eine halbe Stunde musste man schon gehen, den Hügel, wo die Schule und die Kirche standen, hinunter und auf der anderen Seite den Berg hinauf", erzählt Anna.
Keine große Sache damals. Den Kindern wurde schnell viel zugetraut. Anna wuchs

„Geschenke hat es bei uns nur wenige gegeben. Aber die Geburtstagstorte war immer wunderschön: mit Biskuit und Creme und verziert mit Zuckerguss und kleinen silbernen Zuckerperlen. Früher hat meine Mutter die Torte für uns gemacht, jetzt mache ich sie für meine Familie."
Anna Matscher

mit sieben Geschwistern auf. Ihre älteste Schwester ist 14 Jahre älter, ihre jüngste zehn Jahre jünger als sie. Wie damals üblich, schliefen die Mädchen im Raum hinter der Stube. Ihre Eltern und ihre Brüder hatten die Zimmer im oberen Stock. „Als die letzte Schwester auszog, war ich da vollkommen allein." Sie konnte nicht einschlafen. „Ich habe die Kühe im Stall gehört und die Mäuse. Und ich hatte immer Angst."
Die Arbeit vertrieb die Geister der Nacht. Jeder musste anpacken. Anna sieht es noch heute vor sich: Im Sommer trug ihr die Mutter auf, fürs Mittagessen zu sorgen. Bevor sie aufs Feld hinausging, stellte sie die Zutaten auf den Tisch und rief in die Kammer: „Anna, aber du stehst schon rechtzeitig auf, gell?!"
Irgendwie muss sie es hingekriegt haben, sie erinnert sich daran nicht mehr so genau. Sie weiß nur noch, dass es bei Tisch keine Extrawürste gab. „Dafür hatte meine Mutter keine Zeit", vermutet Anna. Wer nicht aß, was auf den Tisch kam, musste halt nehmen, was er fand. Ein Stück Brot, ein Glas Milch. Einmal im Jahr ging es hoch her: Wenn einer in der Familie Geburtstag hatte, konnte man sicher sein, dass die Mutter im Dorf rechtzeitig Zuckerperlen mit Silberüberzug kaufte. „Silbergrallelen", sagt Anna. Wie die Torte für sie aussehen würde, darauf wartete Anna das ganze Jahr. „Das werde ich nie vergessen."

*

Reines Bauchgefühl: Nimm auf der Geraden manchmal eine Abzweigung

Jedes Jahr war die Geburtstagstorte der Beweis dafür, dass die Welt auf dem Hof sich richtigherum drehte. Große Sprünge machten die Patzleiner-Bauern nicht, dafür waren die Kinder zu viele, der Vater zum Arbeiten irgendwann nicht mehr gesund genug, die Mutter mit Hof und Haus und Garten mehr als eingespannt. Immer aber hatten Annas Eltern eine klare Vorstellung davon, wie man gut und verantwortlich lebt. „Meine Eltern haben mir Werte mitgegeben. Sie haben mir gezeigt, was richtig und was falsch ist." Diese Sicherheit hat Anna mit in ihr Leben genommen.
Moralische Instanz ist bei Anna der Bauch. Alle wichtigen Dinge im Leben entscheiden sich bei ihr genau dort. Während andere überlegen, abwägen, zaudern, geht Anna ihrem Gefühl nach. Sie kocht aus dem Bauch, daher kam auch ihre Tochter, und die Idee mit dem Gasthaus hat den gleichen Ursprung. „Die Realisten lassen sich vom Kopf bremsen. Ich bin kein Kopfmensch, bei mir war der Bauch immer stärker."
Dann fährt das Leben halt manchmal zickzack. Dann ist Anna Matscher zwar Südtirols einzige Sterneköchin, aber eben als Autodidaktin. Dann war sie eben noch Masseurin, als sie schon den Löwenwirt wiederbeleben wollte. Dann wurde sie halt Köchin mit Ambition, obwohl die Bauern im Dorf noch das

altgewohnte Jägerschnitzel lobten. Doch Anna hatte immer den Glauben daran, dass es gut ausgehen würde. Den Optimismus habe sie von ihrer Mutter geerbt, sagt sie. „Meine Mutter hatte kein leichtes Leben, aber sie war eine unglaublich lebensfrohe Frau."
„Aufgeben" ist ein Wort, das im Wortschatz von Südtiroler Bauern selten vorkommt.

„Wäre Anna ein Wein, wäre sie für mich ein Weißwein. Frisch, spritzig, ein schöner Riesling oder so. Der nicht ganz so kompliziert ist, aber trotzdem Tiefe und Länge hat und Power dahinter."
Luis Matscher, Sommelier

Man beißt sich durch und holt aus seinem Leben das Gleiche heraus wie aus dem kargen Boden in Hanglage: das Beste, manchmal das Unmögliche.
Annas Vater war es nie genug. Seine Kinder trieb er zu Höchstleistungen an. „Wir sind selten gelobt worden", erinnert sich Anna. Das hat die Patzleiner-Töchter zäh gemacht. „Anna hat eine wahnsinnige Energie", sagen Luis Matscher und Tochter Elisabeth unisono. „Darunter leiden auch unsere Männer", lacht Anna.
Luis steckt das gelassen weg. „In meinem Alter legen Männer sich eine Freundin zu. Ich habe mir einen Jeep gekauft." Wenn man es genau betrachtet, hat eigentlich er sich Anna ausgesucht ...

*

In der Kiwibar war der Löwe los

Anna und Luis treffen sich zum ersten Mal in der Kiwibar in Burgstall bei Meran, damals eines der wenigen Ausgehlokale in Südtirol. Es muss Fasching gewesen sein. Anna war mit ihrer Schwester dort, Luis kam mit einem Freund: „Ja, da ist eine gesessen, die mir recht gut gefallen hat." Ob Anna das gemerkt hat? „Als ich den Luis das erste Mal gesehen habe, habe ich mir gedacht, das wäre nie ein Mann für mich."
Anna hat den Luis schon fast wieder vergessen. Als dieser in dem Salon auftaucht, in dem sie damals als Masseurin arbeitet. Er hat sich – so scheint es – am Knie verletzt, ob die Anna ihm da nicht helfen könnte ... „Und so bin ich gleich einmal nach Tisens gekommen", erzählt Anna heute.
Bald geht ohne Luis gar nichts mehr. „Der Luis hat mich immer unheimlich unterstützt. Einen besseren Mann hätte ich nicht kriegen können. Wir passen einfach perfekt zusammen."
Luis springt für Anna über seinen Schatten. Nie wollte er ins Gastgewerbe einsteigen. So war der Löwenwirt, den seine Großmutter geführt hatte und den er erben sollte, schon fünf Jahre geschlossen, als Anna mit ihrer Idee ankam. 1987 sperrt Luis das Gasthaus wieder auf.
Dafür kommt nichts auf die Speisekarte, was Luis nicht vorher probiert und gutgeheißen hat. „Er ist eigentlich mein Stern", sagt Anna. Andere sagen Liebe dazu.

Küchenphilosophie ist das reinste Handwerk

Das Glück kommt, wenn die anderen Hunger haben

Anna fragt mich, ob ich zum Mittagessen bleibe. Sie tut es jedes Mal. Und ich kann nie widerstehen. Obwohl ich es mir immer vornehme. Also? „Machen wir uns einen Tee?", sagt sie an diesem Morgen. Ich war schon so auf die Mittagessen-Frage eingestellt, dass ich sage: „Gut!"
Anna rührt lange in ihrer Tasse mit Bio-Heidelbeere. „Ich denke schon, aber ich weiß es nicht", zögert sie. Wahrscheinlich hat sie von ihrer Mutter das Kochen gelernt, „aber eher vom Zusehen". Ihre Mutter hat gerne gekocht. *Nigilan*, *Hasenöhrl* und andere Südtiroler Hefegerichte buk sie jeden Samstag. Mit einer Leichtigkeit, die Anna noch heute bewundert: „In einer emaillierten Schüssel hat sie das *Dampfl* aufgestellt, irgendwann später den Teig zusammengeknetet, Feuer im Herd gemacht, und am Nachmittag dann gebacken. Alles wie nebenbei."
Die Leidenschaft fürs Kochen liegt wohl in der Familie. „Eine Tante von mir war Köchin und meine Schwester führt ein Hotel: Wenn ein Koch ausfällt, stellt sie sich an den Herd."
Die Küche auf dem Hof war einfach. Es gab, was in Feld und Garten wuchs. Knödel und andere traditionelle Gerichte. Selten Fleisch, „eigentlich nur, wenn wir ein Schwein geschlachtet haben". Die Zeiten der Mahlzeiten waren streng geregelt. Man ließ keine Mahlzeit aus. Und saß immer gemeinsam am Tisch.
Als Anna auszieht, kocht sie. Freunde sitzen fortan um den Tisch herum. Sie kocht selten, was sie schon kann, probiert gerne Neues aus. Bis heute hat sie nicht aufgehört. „Ich glaube, es ist dieser Wunsch, andere glücklich zu machen."
Ich bleibe zum Mittagessen. Hamburger vom Lamm. Anna bemerkt die Überraschung in meinem Gesicht und lacht: „Nächsten Samstag habe ich wieder einen Kochkurs. Kommst du?" „Gut", sage ich.

Anna schaut auf uns: leicht, gesund, einfach

Als ich am Samstag zum Kochkurs eintrudle, sind alle anderen schon da. Anna stellt sich gerade vor: „Ich bin die Anna. Zu mir könnt ihr ‚du' sagen." Dann stecken alle einen Löffel in die Schürzentasche. Den braucht man bei Anna zum Probieren. Anna selber hat ein Geschirrtuch hinter ihr Schürzenband geklemmt. Alle drei Minuten wischt sie dort ihre Hände sauber oder trocken.
„Schnelle Gerichte für jeden Tag" werden heute gekocht. Fünf Rezepte hat sich Anna vorgenommen. Tatar von der Roten Bete, gefüllte Calamaretti, Blumenkohlsuppe, Gröstl vom Seeteufel, Apfelknödel mit Zimtzabaione. Am Ende werden wir jeden Gang, den wir jetzt kochen, oben im Restaurant frisch serviert bekommen. Ob wir das alles essen können, murmeln einige, das sei sicher zu viel. Anna hört es. „Das schafft ihr. Ich koche immer so, dass die Menschen sich beim Aufstehen so leicht fühlen, als könnten sie noch ein Menü essen." Das verlangt ihr Ehrgeiz.
Alles, was wir für einen Gang brauchen, hat Anna in einer Lebensmittelbox in Schälchen vorbereitet. So übersichtlich, wie Gemüse, Fisch, Gewürze hier liegen, sehen danach auch die Gerichte aus. Annas Küche scheint einfach, weil man fast alle Zutaten auf dem Teller identifizieren kann, als fügten sie sich ohne große Kunst.
Eine halbe Stunde. Bei jedem Gang stellt Anna die Stoppuhr. Wir überziehen. Nur knapp bei der Suppe, satt bei den Calamaretti. Weil Anna so viel erklären muss und wir mehr oder weniger andächtig zusehen. Hat jemand von Ihnen schon einmal 60 Tintenfischchen geputzt? Eben. Besser Kartoffeln schälen. Ich melde mich. Danach sind die Artischocken dran. Warum nicht etwas Einfaches wie Tomaten, denke ich … Aber Annas Antwort kenne ich schon: „Im Winter gibt es keine Tomaten." Höchstens getrocknet. Dafür Rohnen

Genießt, dass die Köche wissen, was ihr wichtig ist: Anna mit Gianluca Monni (l.) und Eugenio Bianchi (r.)

und Karfiol und Koriander. Statt Petersilie.
Fast vergessen: Wir haben alles aufgegessen. Bei Tisch.

*

Beim Knödel zeigt Anna Kanten: Schnittlauch oder Petersilie?

Es stimmt nicht, dass Anna keine Petersilie mag. Nur beim Knödel ist die Petersilie eine Frage der Loyalität. Dazu muss man wissen, dass es keine klare Regel gibt: Schnittlauch oder Petersilie, beides wird im klassischen Speckknödel geduldet.
„Meine Mutter hat die besten Knödel gemacht", ist Anna überzeugt. Und ihre Mutter machte die Knödel mit Schnittlauch. Der wuchs im Garten und wurde klein geschnitten. Dazu kam hausgemachter Speck, fein gewürfelt. „Meine Mutter hat einfach ein Händchen dafür gehabt."
Annas Schwiegermutter machte die Knödel mit Petersilie. Und rührte zum Speck auch Butter in den Teig. Das sind vollkommen andere Knödel, findet Anna. „Petersilie im Knödel hasse ich." Dabei lacht sie laut. „Das sind halt so kleine Sachen ..."
Vor allem, wenn man weiß, dass Anna als Kind am liebsten Knödel aß.
Annas Tochter Elisabeth, Sommelière wie ihr Vater, versucht sich derzeit an Knödeln. Der Gretchenfrage entflieht sie elegant: „Weder noch. Es waren Rohnenknödel." Aber falls es einmal ernst wird: „Mama, was soll ich nehmen?"

*

Das Gericht muss der Köchin schmecken

In Südtirol weiß jeder: Wer Knödel mit dem Messer isst, sticht der Köchin direkt ins Herz. Bevor man zur Anna geht, sollte man wissen: Man darf bei Tisch nicht nach Salz und Pfeffer verlangen. Das ist ehernes Gesetz beim Löwenwirt, wie bei allen Spitzenköchen, die davon leben, dass ihr Geschmackssinn untrüglich ist.
„Das Wichtigste in der Küche ist für mich der abgeschmeckte Teller", sagt Anna mit entschiedener Stimme. Über diesen Satz wird nicht diskutiert. Annas Köche wissen, dass sie sich da keine Schnitzer leisten dürfen. Besser fragen sie einmal zu viel als einmal zu wenig. Am lockersten bewegt sich Gianluca. Er ist Sarde und Anna ist begeistert von ihm. Doch auch er spricht Anna mit „Chef" an. Sie will Mitarbeiter, auf die sie sich verlassen kann. „Ein Gericht muss so schmecken, dass man den Geschmack des rohen Produkts noch erkennt. Und es muss perfekt gewürzt sein." Dafür lässt sie den Jungköchen bei der Deko freie Hand. Fast.
Niemand legt es darauf an, dass Anna ungemütlich wird. Immerhin wohnen die Köche, die von auswärts kommen, auch beim Löwenwirt.

*

Anna mag nicht schreien

Es gibt legendäre Schreihälse unter den Spitzenköchen. Na ja, Sie wissen schon, Typen vom Kaliber eines Skinner, des Küchenchefs im Animationsfilm „Ratatouille". Anna Matscher mag es am liebsten, wenn jeder still vor sich hin arbeitet. Ein Bildschirm in der Küche zeigt an, was die Gäste geordert haben. „Zwischendurch lese ich es laut vor. Damit jeder weiß, was er zu tun hat", sagt sie. „Aber grundsätzlich weiß jeder, was er tun muss." Solange die Küche nicht brennt, bleibt Anna gelassen. „Ich bin so. Ich kann nicht arbeiten, wenn es unruhig ist." Einmal im Jahr flippt sie trotzdem aus. Schätzt sie. „Dann zittern die Wände." Und in der Küche funktioniert vor lauter Schreck für eine Weile gar nichts mehr.

*

Rezepte entstehen, wenn die Gedanken im Kopf sich in die Quere kommen

Sie schleppt zwei dicke Ordner die Treppe herauf. Ganz normale Aktenordner, abgenutzt, ein bisschen fleckig. „Da hab ich schon lange nicht mehr hineingeschaut", sagt Anna. Sie habe eigentlich alle ihre Rezepte im Kopf. Früher gab es eine Zeit, da hat sie am liebsten Kochbücher gelesen. Und Rezepte gesammelt.
Das war vor 20 Jahren. Heute besucht sie Restaurants, wo immer sie kann. „Ich probiere viel, hole mir Anregungen da und dort." Rezepte sammelt sie nur noch ihre eigenen: „Die meisten entstehen in meinen Kochkursen."
Während ich Anna zuhöre, blättere ich ziellos in den Ordnern vor und zurück. Die Rezepte des älteren sind handgeschrieben. Alles ist nach dem Alphabet geordnet. Von B wie Brot bis Z wie Zitronenöl. Viele süße Rezepte stammen von einer Frau, die sich früher von Anna massieren ließ. Andere von Annas ehemaliger Chefin im Schönheitssalon in Lana bei Meran. „Sie hatte eine wunderbare Köchin und die hat mir ihre alten Rezepte gegeben." Sie entdeckt ein Lebkuchenrezept wieder, „sehr kompliziert, ich nehme lieber das Rezept von meiner Schwester, das erinnert mich auch an meine Kindheit." Und den Käsesahnekuchen ... „den habe ich überhaupt nie gebacken". Aber dann. Das *Tirtl*-Rezept einer Freundin. Es sticht ihr ins Auge. Sofort sagt sie es aus dem Kopf auf. „Ohne Ei! Einfach Roggen- und Weizenmehl, ein bissl Öl, bissl Milch und Salz." Jeden Samstag gab es daheim bei ihrer Freundin *Tirtln*, diese gebackenen Südtiroler Teigfladen, die mit Kraut oder mit Spinat und Topfen gefüllt werden. Eine Bauernköstlichkeit. „Siehst du, jetzt kommt mir wieder eine Inspiration, wenn ich da hineinschaue." Dann schaut sie mich an und sagt: „Heute mach ich dir Topfenknödel. Hast du die noch nie gegessen? Mein erstes Dessert! " Sie weiß schon, dass ich zum Essen bleibe.

Im Wirtshaus Zum Löwen wird seit 1407 gekocht. Heute essen die Gäste dort, wo früher das Futter für die Tiere gehortet wurde: im Stadel.

Die Gäste schreiben die Speisekarte

Die Topfenknödel stehen nicht auf der Karte. Ich habe das nachgeprüft. Sie kocht sie für mich, weil sie mir eine Freude machen will. So entstehen auch meistens Annas neue Rezepte. Ein Stammgast meldet sich an, Anna weiß, der hat schon alles auf der Karte hinauf und hinunter gegessen, und da fängt sie zu denken an. „Das ist eigentlich der beste Moment“, sagt sie, „wenn ich Ruhe habe und etwas kreieren will, funktioniert es meistens nicht.“
Sie braucht das Brummen in der Küche. Die Hektik. Den Druck. Sie muss wissen, in wenigen Stunden ist hier der Teufel los. Dann schießen ihr die Ideen in den Kopf, „ganz früh am Morgen, wenn ich mit dem Hund hinausgehe, und nachts, wenn ich nicht schlafen kann“.
Meistens hat sie ein neues Produkt entdeckt oder bei einem Kollegen etwas gegessen, was sie anders machen würde. Mit ihrer Idee geht sie schließlich bei ihren Köchen hausieren. „Das Rezept entsteht im Team. Der eine bringt noch ein Gewürz mit oder denkt laut, was geschmacklich dazupassen würde.“ Auf Anhieb gelingt es selten. „Probieren, probieren, probieren“, sagt Anna aufrichtig.
Die beste Anregung ist für sie die Jahreszeit. Dann stellt sich Anna an einem Herbstnachmittag auch selber in ihren Garten und brät 30 Kilo Kastanien am Stück. Diese friert sie dann ein. Für ihre Winterküche.
Die Gäste sehen von all der Mühe nichts. Sie lassen nur gelten, was ihrem Gaumen mundet. Dennoch sind die kritischen Esser, die nicht alles toll finden, auch mal zweifelnd den Kopf wiegen, Anna die liebsten. Ihnen hört sie zu. „Die fordern mich. Und als Autodidaktin nehme ich ihre Meinung noch ernster.“
Für eine Autodidaktin gibt es wenig in der Küche, was unumstößlich ist. Auch das Unwahrscheinlichste ist einen Versuch wert. So frei macht nur komplette Unvoreingenommenheit. Anna ist in ihrem Element.
Auf etwas besteht sie jedoch: Die Gäste sollen ihr ins Gesicht sagen, was sie sich anders wünschen. „Dann kann man gleich darauf reagieren“, sagt Anna, „manchmal habe ich das Gefühl, die Gäste vergessen, dass wir auch Menschen sind.“ Die Bewertungsportale im Netz sind Anna deshalb ein Gräuel: „Wenn's nach mir ginge: Ich würde sie abschaffen.“

Wenn die Natur endlich reif ist für Küchenideen: Jedes Jahr brät Anna im Garten Kastanien auf Vorrat.

Können Wein gut riechen: Luis und Tochter Elisabeth sind beide Sommeliers.

Wenn Luis ein Gericht absegnet, passt es

Schlimmer ist nur der Luis. „Er ist mein größter Kritiker“, sagt Anna. „Die größte Kritikerin bist du selber“, kontert Luis. „Das stimmt“, sagt Anna, „ich werde nie zufrieden sein. Ich bin ein Mensch, der ewig sucht.“

Luis ist der, der sich alles zu sagen traut. Dabei kann er gar nicht kochen. Er sagt von sich: „Ich glaube, so wenig wie ich kann kein Mann kochen.“

Macht nichts. Anna vertraut ihm. Nach all den Jahren kann er sagen, ob ein Teller passt oder nicht. Ob die Harmonie fehlt, das Gericht zu süß ist oder ein Aroma überwiegt. „Aber ich würde nie sagen, wie die Anna zu kochen hat.“ Da ist Luis kategorisch. Jeder macht, was er am besten kann. Er kennt sich beim Wein aus, der Anna überlässt er Salz, Pfeffer, Zimt & Co. „Luis segnet dann ab“, darauf besteht Anna.

*

Hol dir, was du brauchst: zwei Mal eine Woche mit Hans Haas

So richtig kochen gelernt hat Anna nirgends. Sie selber hat sich das Kochen beigebracht. Sie ist eine hartgesottene Autodidaktin. Nur „zwei, drei Brocken“, die hat sie sich von Hans Haas, dem sterngekrönten Küchenchef des Tantris in München, abgeschaut: Garzeiten, Saucen, Fisch. Zwei Mal eine Woche war sie in der Tantris-Küche. Nicht länger. „Es war wahnsinnig anstrengend. Ich habe tagsüber alles aufgesaugt und abends im Hotel alles niedergeschrieben, um nichts zu vergessen.“ Manches hat sich ihr dennoch ins Gedächtnis eingebrannt, aus Scham über ihre Unwissenheit. Ein Tantris-Koch zum Beispiel habe sie gehänselt, erzählt sie, weil sie nicht wusste, was eine Sauteuse ist. „Bei uns gab es damals eben nur Töpfe und Pfannen“, erinnert sich Anna. „Ich möchte zu gern wissen, was aus diesem Koch mit seiner Schwenkpfanne geworden ist“, lacht sie.

Anna verehrt Hans Haas bis heute. „Er ist trotz all seiner Erfolge so bodenständig geblieben.“ Das gefällt ihr: seine Art zu kochen, seine Weise, über Kochen zu sprechen. Dabei sei es reinste Knochenarbeit, was er mit seiner Küche leiste. Wenn Anna nach München fährt, kehrt sie bei Hans Haas ein, umgekehrt schaut er im Löwenwirt vorbei, wenn er zum Radfahren in Südtirol ist.

Vor einiger Zeit hat Anna Hans Haas einen vielversprechenden Lehrling ans Herz gelegt. Die Köche frotzelten. Den werde er nie nehmen, so jung, wie der Bursche aus dem Vinschgau sei. Hans Haas dagegen rief Anna an: „Wenn du sagst, der ist gut, dann nehm ich ihn.“ Drei Jahre sind seitdem vergangen. Der junge Südtiroler ist noch immer im Tantris. Anna ist erfreut: „Wir denken ähnlich. Seine Richtlinien sind auch meine.“

*

Die Sterneköchin

Ein Gasthaus kommt um die Ecke

Luis Matscher war voreilig. Er hat nicht damit gerechnet, dass einmal eine Anna Patzleiner sein Leben umkrempeln würde. Luis wollte das Gasthaus nicht. Er war im Gasthaus aufgewachsen. „Ich war jahrelang der Vorzeigeenkel im Haus, bin allen deutschen Gästen vorgeführt worden. Das hat mich so genervt. Die Frauen haben mich abgebusselt und mir Bananen geschenkt, es war wirklich unerträglich.“ Anna lachte nur. Sie malte sich alles in Honigfarben aus. Er gab irgendwann nach, weil sie überzeugt war, es könnte funktionieren.
Nachgegeben hat Luis auch, weil er seinen Stolz hat. Sein Gasthaus, der Löwenwirt mitten im Dorf, war seit fünf Jahren geschlossen, seit Luis' Großmutter es allein nicht mehr schaffte. Deshalb wollte die Gemeinde ihm die Gasthauslizenz entziehen und neu vergeben.
Da hat Luis gesagt: „So nicht. Das ist mein Erbe und diese Tradition wollen wir nicht unterbrechen.“
Die Tradition war schlecht beieinander. In der Küche ein alter Ölherd und Holzregale, hinten hinaus ein Tante-Emma-Laden. 21 Prozent Zinsen für die Bank beim Umbau. So viel kostete das Abenteuer, „ohne groß nachzudenken“, sagt Luis. Oder eben das gutbürgerliche Gasthaus, das beide im Kopf hatten.

*

Das gutbürgerliche Gasthaus, das es nie gab

Sie stellten Köche ein. Anna kochte anfangs nur im Winter. Sie hatte keine Zeit. Um 7 Uhr früh sperrte sie die Bar auf, die damals noch zum Löwenwirt gehörte, mittags kamen die Arbeiter zum Essen, und abends war Betrieb bis Mitternacht. „Es war ein Tag, der hat nie aufgehört“, erinnert sie sich heute. Luis arbeitete damals noch in der Bank. Nach Dienstschluss tauchte er im Gasthaus an. Drei Jahre schuften sie so. Dann setzen sich Luis und Anna zusammen. „Gefällt dir, was aus unserem Gasthaus geworden ist?“, fragt Anna. „Nein“, sagt Luis. „Unser Gasthaus war eine Spaghetti- und Schnitzelbude geworden“, erzählt Anna. „Ich kann mich an unsere erste Speisekarte erinnern. Schnitzel in allen

„Die erste wichtige Etappe in meiner Karriere war die Aufnahme in die Gruppe der Jungen Restaurateure (Jeunes Restaurateurs d'Europe). Das hat mir damals sehr viel bedeutet."
Anna Matscher

Arten und Spaghetti das Gleiche in Grün."
Die Köche müssen gehen. Die Bar wird eingestellt. Anna steht jetzt nur noch in der Küche. Sie spezialisiert sich auf Teigwaren, die sie natürlich selber macht, und auf Desserts.
Die Bauern weinen ihrem Paprikaschnitzel nach. Und essen zu Hause.

*

Anna und die Schwiegermutter gehen dem Stern entgegen

Die Familie rückt zusammen. So wie es in Südtirol oft ist, wenn die Not drückt. Bald stehen drei starke Frauen in Annas Küche: sie selber, ihre Schwiegermutter und deren Mutter, also die Großmutter von Luis. Die eine schneidet unermüdlich Zutaten, klein, wie Anna es will, und hilft im Service, die andere spült wie vor und nach ihr niemand mehr. Zehn Jahre besteht das Küchenteam aus diesen drei Frauen. „Meiner Schwiegermutter habe ich viel zu verdanken", sagt Anna. Und ich denke an die Knödel mit Petersilie. Aber das hat ja hier gar nichts zu suchen ... „Meinen ersten Koch habe ich erst eingestellt, nachdem wir zum ersten Mal den Stern gekriegt hatten. Im gleichen Jahr."

*

Der Stern geht auf ...

Der Michelin-Stern kommt 1997 nach Tisens. Per Telegramm. Bis heute gilt die Auszeichnung des aus Frankreich stammenden Restaurantführers als größte Ehre für jeden Koch. Paul Bocuse, der seit 50 Jahren drei Sterne trägt und 2016 von der Süddeutschen Zeitung als „Gott des Geschmacks" gefeiert wurde, sagt sogar: „Michelin ist der einzige Gourmetführer, der zählt." Jedes Jahr im Herbst beginnt für die ambitioniertesten unter den Köchen das große Flattern. Auch in Südtirol. Die Sterne kann man nicht kaufen, sie werden einem verliehen. Es gibt Köche, die ihren Herd mit ihrem Leben verwechseln, eigenhändig Hummer fischen, Rehe jagen oder Trüffel ausgraben würden und Garzeiten mit der Atomuhr messen wollten, um endlich in den Gourmethimmel aufzusteigen. Und es gibt andere, die gar nicht damit rechnen. Wenn der Stern dann genau zu diesen kommt, brennt bei jenen der Hut.

Mit Paul Bocuse 1996 in Taormina: Anna ist jetzt eine *Jeune Restauratrice d'Europe*.

In Tisens kocht Anna 1997 noch immer mit der Schwiegermutter und der Luis-Oma. Es ist ein Tag im November. Die Küche ist leer. Die gesamte Matscher-Familie steht im Mantel an der Tür, fertig für einen Betriebsausflug. Da bringt der Postbote das Telegramm. Anna: „Ich sag zum Luis, schau, da macht sich jemand einen Spaß mit uns. Ich schieb das Telegramm irgendwo in eine Schublade und wir fahren."
Am Nachmittag läutet Annas Telefon öfter als sonst. Erste Gratulanten melden sich. „Irgendwann sag ich zum Luis, nein, jetzt ist das wirklich wahr!?" Sie hat die Geschichte schon oft erzählt, aber noch immer schüttelt sie ungläubig den Kopf.
Sterne gab es für Anna damals nur am Abendhimmel. Nie hätte sie mit einer ähnlichen Auszeichnung gerechnet. Sie wollte ja nur ihr Gasthaus über Wasser kriegen. „Ich war fertig, ich habe gedacht, ich packe das nicht." Plötzlich verlässt Anna der Mut. Sie war nicht reif für einen Stern.
Anders als andere Südtiroler Köche. Die auf Anna nun ziemlich neidisch waren. An der Entscheidung jedoch war nicht zu rütteln. Der Guide Michelin hat Anna schwarz auf weiß bescheinigt, dass

ihre Produkte von ausgesuchter Qualität, ihre Teller von unverkennbarer Finesse und der Geschmack ihrer Gerichte harmonisch auf den Punkt gebracht sind. 1997 konnte das in Südtirol nur eine Handvoll weiterer Köche von sich sagen. 2017 wurden 18 Südtiroler Restaurants mit 23 Sternen ausgezeichnet.

*

… und unter …

Vier Jahre bleibt der Stern im Löwenwirt. Neue Gäste finden den Weg vom Tal nach Tisens. Artikel erscheinen über Anna. Immerhin ist sie die erste und bislang einzige Sterneköchin in Südtirol. Es geht langsam aufwärts. Anna gewöhnt sich an den Stern. Der erste Koch wird eingestellt, da und dort wird am Gasthaus gearbeitet, der Service verbessert, das Brot neu gebacken, in der Küche Platz geschaffen. Es schaut aus, als würde alles gut gehen.
Eines Tages sagt Anna zu Luis: „Ich glaube, jetzt verdienen wir uns den Stern."
Im gleichen Jahr war der Stern weg.

*

… und auf, solange er bleibt

Sechs Jahre, in denen Anna darunter leidet, den Stern, den sie nicht wollte, verloren zu haben. Bis heute weiß sie nicht, was damals passiert ist. In Mailand hat man keine Auskunft gegeben. Anna: „Die haben gar keine Ahnung, was es bedeutet, einen Stern zu verlieren."
Es wird ruhig um das Gasthaus und seine Köchin. Sein Name verschwindet aus den Gourmetführern. Journalisten verlieren das Interesse. Die Gäste aus dem Ausland vergessen, dass es den Löwenwirt gibt, immer seltener verirrt sich jemand nach Tisens. Dafür kursieren wilde Spekulationen. Ob es das Brot war, das nicht immer warm war oder zu weich oder hart? Anna sagt heute, sie hatten Glück. Die einheimische Presse hat die Löwenwirtin nicht im Spott zerrissen, die Südtiroler hielten Anna die Stange, aßen in Tisens auch ohne Stern.
Diese Jahre waren trotzdem zermürbend. „Wir wussten nicht, was wir verbessern sollten", sagt Anna.
Sie machen weiter wie bisher. Arbeiten viel. Machen kaum Urlaub.
2007 kommt der Stern zurück. Jetzt wissen sie, was sie

machen wollen. Sie bauen den „Löwen" um, dass ihn keiner mehr wiedererkennt. 2017 ist der Stern noch immer da. Und Anna noch immer Südtirols einzige Sterneköchin.

*

Im „Löwen" essen die Gäste bei Hofe

Wenn man es genau nimmt, ist das Lokal zum Löwen kein Gasthaus, sondern ein Gasthof. Die Gäste essen heute dort, wo früher das Futter für Kühe, Schweine, Schafe gehortet wurde: im Stadel. Die Theke und einige Tische stehen im Innenhof, ein Separee befindet sich im einstigen Stall. Ein Ambiente, wie man es neu nie bauen könnte, so wenig passt es zur heutigen Zeit. Genau das macht es anziehend. Die alten Steinmauern sind so dick, dass sie jedem Erdbeben standhalten, und unverputzt, alles andere wäre in einem Stadel wohl übertrieben gewesen. Und die Deckenbalken verlaufen schief zur gegenüberliegenden Seite, wahrscheinlich, weil die Bauern es nicht besser hingekriegt haben.
Ganz genau weiß man nicht, wann die ersten „Löwen" hier einzogen. Das Wirtshaus mit dazugehörigem Bauernhof wird 1407 zum ersten Mal urkundlich erwähnt. Damals wurde es „Wirtsbehausung am Prefing" genannt. Draußen vor dem Hof steht heute noch ein Dorfbrunnen, wo die Frauen Wasser holten, die Wäsche wuschen und sich zum Plausch trafen. Im Besitz der Matscher ist das Wirtshaus seit 100 Jahren.
„Meine Urgroßmutter hat das

Anwesen geerbt. Und meine Oma ist als Erste hier aufgewachsen", erklärt Luis Matscher.

Luis selber kennt hier jeden Winkel. Stadel, Stall, Innenhof, das alte Gasthaus: Alles hatte seinen Platz, bis der Südtiroler Architekt Zeno Bampi sich die Mauern ansah und auf die Idee kam, aus den Wirtschaftsgebäuden des Bauernhofs das neue Restaurant zu machen. Zeno Bampi brachte im „Löwen" alles durcheinander und ließ – da die Gemäuer seit 1981 unter Denkmalschutz stehen – doch alles gleich. Unvorstellbar für Anna und Luis: „Wir wollten Stall und Stadel einfach zumauern und nur den Innenhof umgestalten", sagt Luis.

Zeno Bampi öffnete Stall und Stadel zum Innenhof hin und schloss den neu gewonnenen Raum nach außen mit Glas ab. „Elisabeth! Hängt da eine Spinnwebe?", fragt Anna entsetzt. Unvermittelt schauen wir alle nach oben. Die Sonne scheint durch das Glasdach, wirft Schatten auf die Steinmauern, lenkt unsere Blicke auf die alten Balken. Und während Elisabeth mit dem Besen die Spinnenfäden entfernt, denke ich: So ist das Gasthaus zum Löwen heute, ein Ort mit einer starken Geschichte; wer wohl die Menschen waren, die alle schon hier gewohnt, gelebt und gearbeitet haben?

Luis erinnert sich an die vielen Hochzeitsgesellschaften von früher. „Es war ein gut gehendes Gasthaus. Die Oma hat anscheinend gut gekocht."

Heute ist alles anders. Aber irgendwie hat sich nichts verändert. Anna denkt zurück: „Ostern 2008 war der Umbau abgeschlossen. Am Ostersonntag haben wir den ganzen Tag gekocht. Danach bin ich da auf der Treppe gesessen und habe gedacht: Nicht möglich, dass das jetzt unser Restaurant ist."

*

Auch eine Köchin muss Luft holen: das Fitnessprogramm

Zwölf bis 14 Stunden steht Anna jeden Tag in der Küche. Das geht ins Kreuz und auf die Knie. Jetzt, wo sie über 50 ist, spürt sie das. Sie ist auch nicht mehr ganz so schlank wie mit 25. Und ihre Hände melden deutlich, dass mitunter viel von ihnen verlangt wird. Wie im Dezember, als Anna 50 Artischocken am Stück putzen musste, oder im Januar, als ich lieber zugesehen habe, wie Anna 60 kleine Tintenfische zerlegt hat. „Das tut den Händen nicht gut", sagt sie.

Vor zwei Jahren hat sie sich in einem Fitnessstudio in Meran eingeschrieben. Zwei bis drei Mal in der Woche geht sie dorthin. Am liebsten morgens. Wenn sie es zeitlich schafft. Und wenn das Fitnessstudio dann schon geöffnet ist. Eigentlich geht Anna gerne hin. „Ich habe erst bei den Übungen dort gemerkt, dass ich immer falsch geatmet habe." Seit sie das weiß, hechelt sie beim Wandern nicht mehr Luis und dem Hund hinterher. Endlich.

Sie muss an ihrer Kondition arbeiten. Macht täglich Übungen. Will auch noch abnehmen. „Ich gehe ja noch lange nicht in Pension."

Wenn's im Service ganz eng wird, kommt Lisi Tribus – und das seit vielen Jahren.

Wird sie jemals gehen? Sie denkt schon daran, wenn ihre Tochter Elisabeth einmal das Lokal übernimmt. In zehn Jahren oder so … „Dann möchte ich noch fit sein, um ihr zu helfen." Und da ist auch noch ihr Garten. „Das wäre fürchterlich für mich, wenn ich mich nicht mehr rühren könnte."
Und wenn sie ganz tapfer war bei Mrs. Sporty, steigt sie ins Auto und gönnt sich unterwegs ein Ingwerstäbchen. Scharfbittersüß. Bevor Elisabeth die Tüte entdeckt …

*

Wenn Kochen nicht mehr alles ist: die Gehschule in der Küche

Elisabeth. Anna hat es zur Sterneköchin gebracht trotz Elisabeth. „Ich habe immer zum Luis gesagt: Kinder und Gastgewerbe sind nicht vereinbar", erzählt Anna. Die Anna ist sehr direkt, wenn sie spricht. Was sie denkt, das sagt sie. Die meisten Frauen müssen sich zwischen Familie und Beruf entscheiden, davon ist sie überzeugt. Für Anna ist das der Grund, warum es so wenige Sterneköchinnen gibt. Zu wenig ehrgeizig seien die Frauen definitiv nicht.
Anna hatte Glück. Ihre Schwiegermutter und Luis' Oma, wie sie sagt, haben auf Elisabeth geschaut. Und sie selber musste niemanden fragen, ob sie ein Kind in die Küche mitbringen darf oder nicht. „Wenn ich diese Möglichkeit nicht gehabt hätte …" Den Satz will Anna gar nicht zu Ende denken.
Sie wohnt, wo sie arbeitet. Ihre Schwiegermutter war immer zur Stelle. Auch Luis hat ihr den Rücken freigehalten. Und Anna selbst war hart im Nehmen. „Wie die Elisabeth klein war, habe ich sie viel bei mir in der Küche gehabt, auf einer Decke oder in der Gehschule; zum Einkaufen habe ich sie mitgeschleppt." Abends stand das Babyphon neben dem Herd. Später ging Anna nach oben, löste ihre Schwiegermutter ab, brachte ihr Kind ins Bett, saß oft eine Stunde auf der Bettkante, weil es partout nicht einschlief. „Danach bin ich hinuntergegangen in die Küche und habe aufgeräumt." Es gibt Elisabeth. „Es tut mir leid", sagt Anna, „dass wir nicht mehr Kinder haben."

*

Am Montag kocht Elisabeth

Wir haben uns verplaudert. Die Köche und Luis essen bereits, als Anna auf dem Weg in die Küche Elisabeth begegnet. Die sagt: „Das esse ich nicht. Der Fisch ist trocken, die Kartoffeln salzig." Anna kommt sofort zurück. „Ich kann dir nicht recht geben, Elisabeth." Und erntet ein trockenes: „Nein!" Oh, das wird spannend.
Elisabeth kann kochen. Montags, wenn das Restaurant Ruhetag hat, stellt sie sich an den Herd. „Nur, wenn niemand von den Köchen mir zuschaut." In der Wohnung der Matscher gibt es keine Küche. „Die hat weichen müssen, als die Elisabeth auf die Welt kam", lacht Anna. Elisabeth hat leicht kochen. Sie geht in die Kühlzelle und schaut, was da ist. Am liebsten kocht sie Nudeln. „Paccheri", sagt sie. Ihre Lieblingsnudeln? „Nein, die gibt es bei uns in der Küche." Dazu Gemüse, Oliven, Kapern. Anna isst gerne, was Elisabeth kocht: „Sie kocht mit dieser Leichtigkeit à la Jamie Oliver."
Wenn Elisabeth irgendwann das Restaurant übernehmen wird, was schon so gut wie sicher ist, wird sie dennoch nicht ihrer Mutter nachfolgen. Ihre Liebe gilt dem Wein. Sie ist bereits Sommelière und schließt bald die Weinakademie in Rust im österreichischen Burgenland ab. Anna wird dann auf jeden Fall noch weiter Risotto kochen müssen. Den isst Elisabeth sonst nirgends. „Ich finde, den macht meine Mama am besten." Elisabeth sei schon als Kind eine Feinschmeckerin gewesen, die im Restaurant Muscheln und Lamm bestellt habe, nur ohne Zucchini. „Sie war kein Schnitzelkind."
Was ist nun mit dem Fisch? Anna sagt noch: „Entweder verstehe ich nichts oder du verstehst nichts."
Ich überschlage kurz im Kopf: Es ist nicht Montag. Und hoffe, dass Anna nicht nachgibt. Oder dass es Risotto gibt. Das erscheint mir sicherer.

*

Gehören praktisch zur Familie: Wer als Koch von auswärts kommt, kriegt ein Zimmer beim Löwenwirt.

Das Matscher-Manifest: Niemand will es ganz perfekt

Wahrscheinlich bin ich der perfekte Gast für das Restaurant zum Löwen. Ich lasse mich gerne bedienen, bin jedoch dankbar, wenn die Kellner sich wie Menschen bewegen, nicht wie Marionetten, die an unsichtbaren Fäden vom Knigge-Kodex dirigiert werden.

Luis spielt da mit. Er kennt die Regeln, aber er hält sie nicht alle ein. Absichtlich. „Ich weiß schon, dass man immer von der gleichen Seite servieren müsste. Aber ich bin nicht der Mensch dazu.“

Sie mögen es einfach nicht glatt. Das ist es. Die Mauern sind grob, die Tische individuell, als hätte jeder von ihnen hier um Asyl gebeten und dieses auch bekommen; die Menüs raffiniert, aber im Wortlaut verständlich; die Ingredienzien hochwertig, jedoch auf der Speisekarte nicht marketingtechnisch klug einzelnen Höfen oder Produzenten zugeordnet; die Atmosphäre angenehm, aber nicht steif, serviert wird mit einem Lächeln, ohne dass ein penetrantes „Gerne“ folgt.

Sie bewirten ohne großes Aufsehen. Das merkt man. Anna: „Uns ist wichtig, dass wir es mit Gefühl machen.“

Luis: „Bei uns passiert ganz viel spontan.“

Alles Standardisierte ist Luis ein Gräuel. Oft sagen Freunde, ihr müsst aufmerksamer sein, nachfragen, anbieten, locken. Genau das will Luis nicht: „Ich halte es für aufdringlich. Man kann es auf eine feine Art machen, aber trotzdem ist es aufdringlich.“

Aus dieser Haltung zwischen Bauerngasthaus und Spitzengastronomie ist ein ungeschriebenes Manifest entstanden:

- Der Service ist wie das Gemäuer rundum – freundlich und beständig, kommt aber ohne höfliche Floskeln aus.
- Wenn das Glas Wein oder Wasser leer ist, wird einmal nachgefragt. Dann ist Schluss. Der Gast muss sich selber melden.
- Auf der Speisekarte steht nicht, von welchem Hof das Fleisch kommt, das serviert wird. Man kann sicher sein, dass das Fleisch von einheimischen Tieren stammt und von ausgesuchter Qualität ist. Anna Matscher kauft seit 30 Jahren bei ihrem Vertrauensmetzger ein.
- Die Zutaten sind so frisch wie die Jahreszeiten. Tomaten und Kräuter gibt es deshalb im Winter allerhöchstens getrocknet.
- Die Portionen sind so bemessen, dass man nach einem Menü satt, aber vor dem Gefühl der Völlerei sicher ist.
- Die Speisekarte ist so flexibel, dass Anna auch kocht, was nicht auf der Karte steht. Sofern ihre Vorratskammer es zulässt.

Beim „Löwen“ werden Menschen verwöhnt, die gerne essen. Man fühlt sich verstanden, spricht quasi die gleiche Sprache. In dieser Hinsicht ist das Sternelokal ein Dorfgasthaus geblieben.

Im Garten wachsen Glücksklee-rübchen

Annas Garten gibt es nicht zu kaufen

Lieber als in der Küche arbeitet Anna nur im Garten. Dieser liegt einige Hundert Meter vom Gasthaus entfernt. Luis hat dafür ein paar Apfelbäume geopfert. Im Sommer beugt sich Anna schon um 7 Uhr morgens über die Beete, zupft Kräuter und erntet, was reif ist. „Ich liebe diese Ruhe. Alles ist noch taunass und frisch."

In ihrem Garten findet vor allem Aufnahme, was es nicht einfach zu kaufen gibt: Physalis, Erdmandeln, Rettichschoten, Artischockenstauden, Buchweizen, Minigurken, Glücksklee-rübchen, im Sommer Tomatillos, im Winter Schwarzkohl und immer ein paar Kartoffeln. „Was man selber hat, schmeckt immer gut."

Was bei ihr nicht Platz hat, kauft sie aus fremden Gärten dazu: Spinat vom Garten einer Bäuerin aus dem Dorf, alte Gemüsesorten vom aufstrebenden Eisacktaler Bauern Harald Gasser, Wildkräuter von einer Bäuerin, die Anna im Sommer auch mit Tomaten beliefert. „Im normalen Handel gibt es zu viele Produkte, die keinen Geschmack mehr haben. Ich will aber eine Karotte, die wie eine Karotte schmeckt."

Anna ist überzeugt: Mit frischen Produkten kann man am besten kochen. In ihrer Kühlzelle bewahrt sie Kräuter und Blümchen in kleinen Plastikbehältern auf. Sie sammelt diese, wo sie ihr unterkommen. Als sie mir ihren Vorrat zeigt, ist es Januar und klirrend kalt. Irritiert fingert sie ein paar Blüten heraus. „Die haben im Winter nichts auf dem Teller zu suchen."

Petersilie auch nicht, lerne ich. Schnittlauch geht immer.

Gibt's noch etwas zu tun, Anna?

Ich spiele mit meiner Serviette, wie ich es nach dem Essen immer tue. Der Tisch ist schon abgeräumt. Anna hat sich zu mir gesetzt. Sie trägt noch ihre Kochjacke. Wir philosophieren über das 62-Grad-Ei, das zum vegetarischen Menü gehört, und über das Gemüse, das Anna zu Chips verarbeitet.
Noch nie habe ich Gemüse so gegessen. „Ja", sagt Anna, „man muss sich immer etwas einfallen lassen." So gerne sie Sterneköchin ist, dieser Druck macht ihr auch zu schaffen. „Ich will kochen", sagt sie. So gut sie es kann. Nur nicht unter ständiger Beobachtung. Manchmal hat sie das Gefühl, dass die Gäste mehr auf ihren Stern schauen, als sie es tut. „Ich habe 30 Jahre lang funktioniert, ohne auszufallen." Jetzt stellt sie sich manchmal vor, wie es wäre, loszulassen. Es kommt ihr wie eine Befreiung vor. Aber nur ihr. „Der Luis sagt, du siehst das falsch. Alle sagen, ich sehe das falsch." Sie lacht.
Wir beide wissen, sie wird einen Weg finden. Sie hat immer einen gefunden. Als sie Masseurin wurde und eigentlich kochen wollte. Als sie ihr Gasthaus wollte und noch gar nicht wusste, wie ein Betrieb geführt wird. Als der Michelin-Stern kam und sie ihn erst beim zweiten Mal halten konnte. Sie gibt sich Zeit, bis sie 60 wird. Vier Jahre. So viel Energie hat sie: „Der Luis und ich, wir sind Menschen, die immer an sich arbeiten, weil wir ständig das Gefühl haben, wir sind noch nicht so, wie wir uns haben wollen."
Fest steht: Sie wird weiterkochen. „Das macht mir Spaß. Das wird auch so bleiben."
Und da ist auch noch etwas, was sie vor 30 Jahren nicht zu Ende brachte: das gutbürgerliche Gasthaus, das sie von Anfang an wollte. Diesmal wird sie es auf jeden Fall anders angehen. „Vor 30 Jahren haben wir nicht gewusst, was auf uns zukommt", sagt Anna. Zwei Mal umbauen, zwei Mal alte Gäste verlieren und neue gewinnen. Das war anstrengend. Bereut haben es weder sie noch Luis. Anna: „Wir hätten es gar nicht anders machen können."
Und jetzt? Ob sie auch diesmal auf ihren Bauch hören werden? „Wir werden es auf jeden Fall gemeinsam entscheiden. Luis, Elisabeth und ich!" Wir werden sehen.
Luis kommt an den Tisch. „Kaffee?", fragt er. „Gerne", sage ich und falte meine Serviette zusammen.

Anna Matscher und ihr Team (v. l.): Eugenio Bianchi, Anna Mayr, Stefano Iacopozzi und Gianluca Monni

Register der Rezepte

Kalte Vorspeisen

Frühling

Spargel-Sepia-Carbonara mit Olivenöl-Espuma und Speck 12
Salat von Jakobsmuscheln, Garnelen und Artischocken 14
Ziegenfrischkäse im Filoteig mit Wildkräutersalat und Mandeln 16
Zucchini-Spargel-Salat mit Brothippe 18
Schwarzbrot-Bruschetta mit Kalbskopf und Variation vom Rettich 20
Kalbsbries mit Zweierlei von der Erbse 22

Sommer

Chinesischer Spargelsalat mit Weinbergpfirsich 62
Salate aus meinem Garten 64
Sardinentarte mit Peperoni-Tomaten-Creme 66
Jakobsmuscheln mit Weißkohl-Melonen-Ingwer-Salat 68
Gefüllte Zucchiniblüten im Tempuramantel mit Zucchini-Oliven-Salat 70

Herbst

Kichererbsenpüree mit Wurzelgemüse-Chips 102
Cappuccino vom Weißen Trüffel 104
Saiblingstatar mit Rohnen-Apfel-Salat 106
Sepia-Steinpilz-Salat 108
Kalbsbries mit Kartoffelstroh und Herbstpfifferlingen 110

Winter

Jakobsmuscheln mit vanilliertem Kartoffelschaum 142
Saibling mit Artischocken und Kräutercreme 144
Cannoli mit Graukäse-Fonduta auf Kastanien-Birnen-Salat 146
Zweierlei Tatar im Schüttelbrotmantel mit Kren- und Senfmayonnaise 148
Jakobsmuscheln mit Topinambur 150

Warme Vorspeisen

Frühling

Wildkräutersüppchen mit Blütenkräckern 26
Kartoffel-Bärlauch-Gnocchi mit Morcheln und Terlaner Spargel ... 27
Brennnesselflan mit jungem Gemüse und Pecorino-Fonduta .. 30
Spargel-Ravioli mit Tomaten-Chutney 32
Schwarzer Venere-Reis mit Spargel und sizilianischen Garnelen 34
Schüttelbrot-Tortelli mit Bärlauch-Kartoffel-Füllung 36

Sommer

Cannelloni mit mediterranem Gemüse 72
Melanzane-Teigtaschen mit Vongole 74
Schwarze Bandnudeln mit Oktopus und geschmorten Tomaten 76
Mit Pfifferlingen gefüllte **Ravioli auf Kalbsbries** 78

Herbst

Kastaniensüppchen mit getrocknetem Radicchio 112
Kastanien-Tortelloni mit sizilianischen Garnelen 114
Kürbisrisotto mit Lupinenkaffee und Kapuzinerkresse 116
Cannelloni mit Bio-Gänseleber und gebratenen Steinpilzen 118

Winter

Blumenkohlsuppe mit Zitrusfrüchten, Kapern und Koriander 152
Consommé und Knödel von der Rohne 154
Schwarzkohlknödel mit Graukäseschaum 156
Roggenravioli mit flüssigem Spinat und getrocknetem Topfen 158
Ravioli mit Almkäse-Fonduta und schwarzem Trüffel 160
Tortelli mit Artischocken und Thymianbutter 162
Ochsenschwanz-Teigtaschen mit Blattspinat und Pilzschaum 164

Hauptspeisen

Frühling

Bauernei mit frittiertem Spargel und Schnittlauch ... 38
Blätterteigtarte mit Mangold und Pilzschaum ... 40
Fischsuppe nach Art des Hauses. 42
Dreierlei vom Kitz: Geschmortes Kitz mit Frühlingsgemüse / Frittierte Kitzleber / Kitzbeuschel mit Knödelscheiben ... 44
Konfiertes Lamm auf Artischocken-Topinambur-Gröstl ... 48
Lamm-Hamburger mit Tomatendip ... 50

Sommer

Gebratener Seeteufel mit dreierlei Fenchel ... 80
Ombrina mit Schmortomaten, Oliven und Artischocken ... 82
Rindsfilet mit Soja-Gemüse und Wasabi-Petersilien-Pesto ... 86
Geschmorte Kalbswange mit Bohnen-Wildkräuter-Salat ... 87

Herbst

Kabeljau mit Herbstpfifferlingen, Schüttelbrot und Speck ... 120
Lasagnette mit Steinbutt, Steinpilzen und Melanzane ... 122
Gebackene Kutteln im Curryfond ... 124
Hirschrücken mit Selleriepüree und Kornelkirschen ... 126
Im Ganzen gebratene Ente mit Kichererbsenpolenta, Grünkohl und Mispelpüree ... 130

Winter

Rotbarbe mit Radicchio und Quinoa ... 166
Zweierlei von der Taube mit Tropea-Zwiebelpüree ... 168
Gebratenes Milchferkel mit dreierlei Kohl ... 170
Kalbszunge mit Krautrübe ... 174
Kalbsnieren auf Gerstenrisotto und geschmorter Zuckerwurzel . 175
Blutwurstgröstl mit Krautrüben, Kartoffeln und geröstetem Schwarzbrot ... 178

Desserts

Frühling

Topfenknödel mit Zweierlei vom Rhabarber ... 52
Schnitte und Sorbet vom Holunder ... 54
Blumentöpfchen mit Weizengras und Karamellschokolade ... 56
Crêpes mit Erdbeer-Waldmeister-Sorbet ... 58

Sommer

Törtchen und Sorbet von der Johannisbeere ... 90
Weiße Schokoladenmousse mit Basilikum, Tomaten und Erdbeeren ... 94
Kräutersüppchen mit Basilikum- und Ananassorbet ... 95
Nigilan mit Honig ... 98

Herbst

Cannoli mit Kastanienmousse und Apfel-Kastanien-Eis ... 131
Dessert von dunkler Schokolade und Preiselbeeren ... 134
Mohnkrapfen mit Zwetschgen ... 136
Schokoladensphäre mit Quitten-Mascarpone-Füllung und Quittensorbet ... 138

Winter

Kaffeedessert mit flüssiger Zitronenthymianpraline ... 180
Safranbirne mit Rosmarinbaiser und Tonic-Sorbet ... 182
Dessert von der Ananasrenette . 184
Mandarinendessert ... 186

Stichwortregister

Almkäse: S. 160
Ananas: S. 95
Apfel: S. 106, 131, 184
Artischocken: S. 14, 48, 82, 144, 162
Bandnudeln, schwarze: S. 76
Bärlauch: S. 27, 36
Basilikum: S. 94, 95
Bauernei: S. 38
Birnen: S. 146, 182
Blätterteig: S. 40
Blumenkohl: S. 152
Blutwurst: S. 178
Bohnen: S. 87
Brennnessel: S. 30
Brot: S. 18, 192
Bruschetta: S. 20
Cannelloni: S. 72, 118
Cannoli: S. 131, 146
Carbonara: S. 12
Crêpes: S. 58
Crumble, heller: S. 191
Eis: S. 131, 180
Ente: S. 130
Erbsen: S. 22
Erdbeeren: S. 58, 94
Fenchel: S. 80
Fischfond: S. 189
Fischsuppe: S. 42
Gänseleber: S. 118
Garnelen: S. 14, 34, 114
Gemüse: S. 30, 72, 86
Gemüsefond: S. 190
Gerste: S. 175
Gnocchi: S. 27
Graukäse: S. 146, 156
Griebenschmalz: S. 192
Gröstl: S. 48, 178
Grünkohl: S. 130
Hirsch: S. 126
Holunder: S. 54
Ingwer: S. 68
Jakobsmuscheln: S. 14, 68, 142, 150
Johannisbeeren: S. 90
Kabeljau: S. 120
Kaffee: S. 180
Kalbsbries: S. 22, 78, 110
Kalbsfond: S. 189
Kalbskopf: S. 20
Kalbsniere: S. 175
Kalbssauce: S. 189
Kalbswange: S. 87
Kalbszunge: S. 174
Kaldaunen siehe Kutteln
Kapern: S. 152
Kapuzinerkresse: S. 116
Karamellschokolade: S. 56
Kartoffeln: S. 27, 36, 142, 178
Kastanien: S. 112, 114, 131, 146
Kirchererbsen: S. 102, 130
Kitz: S. 44, 45
Knödel: S. 154, 156
Kohl: S. 170
Kornelkirschen: S. 126
Krapfen: S. 98, 136
Krautrüben: S. 174, 178
Kräuteröl: S. 191
Kürbis: S. 116
Kutteln: S. 124
Lamm: S. 48, 50
Lammfond: S. 189
Lasagnette: S. 122
Lupinenkaffee: S. 116
Macarons: S. 186
Mandarinen: S. 186
Mandeln: S. 16
Mangold: S. 40
Mascarpone: S. 138
Melanzane: S. 74, 122
Melone: S. 68
Milchferkel: S. 170
Mispeln: S. 130
Mohn: S. 136
Morcheln: S. 27
Mousse, weiße: S. 190
Nigilan: S. 98
Nudelteig: S. 190
Ochsenschwanz: S. 164
Oktopus: S. 76
Oliven: S. 70, 82
Ombrina: S. 82
Pecorino: S. 30
Peperoni: S. 66
Pfifferlinge: S. 78, 110, 120, 191
Pilze: S. 40, 78, 110, 108, 118, 120, 122, 164, 190, 191
Preiselbeeren: S. 134, 191
Quinoa: S. 166
Quitte: S. 138
Radicchio: S. 112, 166
Ravioli: S. 32, 78, 158, 160
Rettich: S. 20
Rhabarber: S. 52
Rindsfilet: S. 86
Risotto: S. 116, 175
Roggen: S. 158
Rohnen: S. 106, 154
Rotbarbe: S. 166
Saibling: S. 106, 144
Salat: S. 14, 16, 18, 62, 64, 68, 70, 87, 106, 108, 146
Sardinen: S. 66
Schattenfisch (Ombrina): S. 82
Schokolade: S. 56, 134, 138
Schüttelbrot: S. 36, 120, 148
Schwarzbrot: S. 20, 148, 178
Seeteufel: S. 80
Sellerie: S. 126
Sepie: S. 12, 108
Sorbet: S. 52, 54, 58, 90, 94, 95, 134, 138, 182, 184, 186
Sorbet-Grundmasse: S. 190
Spargel: S. 12, 18, 27, 32, 34, 38
Spargelsalat, chinesischer: S. 62
Speck: S. 12, 120
Spinat: S. 158, 164
Steinbutt: S. 122
Steinpilze: S. 108, 118, 122
Strudel: S. 184
Suppen: S. 26, 42, 95, 112, 152, 154
Tarte: S. 40, 66
Tatar: S. 106, 148
Taube: S. 168
Teigtaschen: S. 74, 164
Tomaten: S. 32, 50, 66, 76, 94, 190
Topfen: S. 52, 158
Topinambur: S. 48, 150
Tortelli/Tortelloni: S. 36, 114, 162
Trocknen (Gemüse, Früchte): S. 191
Trüffel.: S. 104, 160
Umber (Ombrina): S. 82
Venere-Reis: S. 34
Vongole: S. 74
Waldmeister: S. 58
Wasabi: S. 86
Weiße Schokolade: S. 94
Weißkohl: S. 68
Weinbergpfirsich: S. 62
Weizengras: S. 56
Weizen-Roggen-Brot: S. 192
Wild: S. 126
Wildfond: S. 189
Wildgewürz: S. 191
Wildkräuter/Kräuter: S. 16, 26, 87, 95, 144
Wurzelgemüse: S. 102
Ziegenkäse: S. 16
Zitrusfrüchte: S. 152, 180
Zucchini/-blüten: S. 18, 70
Zuckerwurzel: S. 175
Zwetschgen: S. 136